New 유도교본

SHIN·GI·TAI·WO TSUYOKUSURU! JUUDOU KIHON TO RENSYU MENU
ⓒ INOUE KOUSEI 2013
Originally published in Japan in 2013 by IKEDA PUBLISHING CO., LTD., TOKYO,
Korean translation rights arranged with IKEDA PUBLISHING CO., LTD., TOKYO,
through TOHAN CORPORATION, TOKYO, and BC Agency, SEOUL.

이 책의 한국어판 저작권은 BC 에이전시를 통한 저작권자와의 독점 계약으로 삼호미디어에 있습니다.
저작권법에 의해 한국 내에서 보호를 받는 저작물이므로 무단 전재와 무단 복제를 금합니다.

New Judo

New 유도교본

이노우에 고세이 지음 | 조승권 감수 | 이용택 옮김

삼호미디어

시작하는 글

《New 유도교본》은 유도의 역사부터 유도복의 명칭, 낙법, 기술 거는 법, 자유 대련, 트레이닝 방법에 이르기까지 유도 연습에 도움이 되는 다양한 정보를 폭넓게 소개하는 유도 기술 해설서입니다. 국제유도연맹이 인정하는 기술 가운데, 올림픽이나 세계 선수권 대회에서 자주 사용되었던 기술을 중심으로 총 36개(메치기 28개, 굳히기 8개) 기술과 훈련법을 선별해 담았습니다. 처음 유도를 시작하는 사람은 물론 중·고등부 상급자, 교육 현장이나 지역의 도장에서 실제 유도를 지도하고 있는 사범님들과 그 외 유도를 사랑하는 많은 분들에게 도움을 드릴 수 있는 책입니다.

특히 유도의 기본 기술인 낙법과 유도의 진수를 맛볼 수 있는 메치기에 관해 많은 지면을 할애해 상세히 설명했습니다. 낙법을 익히는 것은 유도 실력을 향상시키는 첫걸음입니다. 낙법은 상대방과 공방을 벌이는 과정에서 자신의 몸을 보호하기 위해 필요할 뿐만 아니라, 메쳐졌을 때의 아픔을 앎으로써 상대방을 존중하는 유도의 정신을 깨닫게 해준다는 중요한 의미도 지닙니다. 또한 낙법을 한 번 몸에 익혀두면, 유도를 할 때뿐 아니라 평소 예기치 못하게 넘어졌을 때에도 낙법을 침으로써 큰 부상을 예방하는 등 일상생활에서 안전을 지키는 데 여러모로 도움이 됩니다.

메치기를 다룬 부분에서는 '기울이기', '지웃기', '걸기'의 세 가지 기술 요소를 보다 쉽게 이해하며 연습할 수 있도록 연속 사진을 곁들여 소개했습니다. 그리고 각 기술에서 주의해야 할 사항, 특히 제가 실제로 기술을 걸 때(또는 지도할 때) 신경 쓰는 점을 상세히 실었고, 올림픽이나 세계 선수권 대회 등에서 선수들이 실제 사용했던 창작 기술을 '세계의 기술'이라는 이름으로 수록했습니다.

유도는 경기성이 높은 스포츠이면서도 그 뿌리에는 상대방을 존중하는 무도의 정신이 있습니다. 아무쪼록 《New 유도교본》이 그 의미를 이해하고 유도의 즐거움을 맛보는 데 많은 도움이 되기를 희망합니다.

일본 남자 유도 대표팀 감독
시드니 올림픽 유도 금메달리스트
이노우에 고세이

일류 선수로 가는 길

항상 높은 목표를 가지고
어떤 선수가 되고 싶은지를
명확히 정하는 것이 중요

저는 초등학생 시절부터 장래에 일본 선수권 대회를 제패하고 올림픽이나 세계 선수권 대회에서 금메달을 따겠다는 꿈을 키웠습니다. 그래서 혼자서 시합 동영상을 무한 반복해 보기도 하고, 유도 전문지에 실린 일류 선수의 기술이나 시합을 체크하면서 어떻게 하면 강한 선수가 될 수 있을지 고민했습니다. 그리고 어린 마음에 일본 선수권 대회에서 우승해야 진정한 일본 챔피언이고, 나아가 올림픽에서 우승해야 진정한 세계 챔피언이라고 생각했습니다. 초등학교 6학년 때 고향인 미야자키 현 내 대회에 출전해 지역 방송국과의 인터뷰에서 "앞으로 커서 올림픽 금메달을 따고 싶습니다."라고 대답했던 기억이 생생합니다.

당시의 저에게 올림픽은 아직 먼 미래의 꿈일 뿐이었습니다. 그보다는 매일 쌓여 있는 훈련 일정을 소화하고, 이어지는 시합에서 전력을 다하는 것만으로도 눈코 뜰 새 없이 바빴습니다. 전국 소년 유도 대회, 전국 중학교 대회, 고교 선수권 대회, 일본 주니어 선수권 대회……. 그렇게 눈앞에 닥친 각 대회를 위해 진지하게 연습했고, 때론 지기도 하고 이기기도 하면서 성장해 왔습니다.

그러다 올림픽 출전이 명확한 목표가 된 때는 대학교 1학년 가을, 고도칸(講道館, 유도 창시자 가노 지고로가 창설한 일본의 유도 도장) 배에서 우승한 후였습니다. 그 전해인 1996년에 애틀랜타 올림픽이 열렸는데, 그 올림픽 시합을 보고 자극

을 받았던 것 같습니다. 그래서 대학교 4학년 여름에 열리는 시드니 올림픽에서 우승하겠다는 목표를 세웠습니다. 다행히 그 목표를 이룰 수 있었고, 일본 선수권 대회 삼연패, 세계 선수권 대회에서도 세 차례의 우승을 차지할 수 있었습니다.

이런 경험을 돌이켜보면 제 경우에는 장기, 중기, 단기의 세 단계로 나누어 목표를 설정했다고 할 수 있습니다. 구체적으로 예를 들면 다음과 같습니다.

❶ 장기(선수로서의 최종 목표)
  일본 선수권 대회, 올림픽, 세계 선수권 대회 우승
❷ 중기(1~3년 이내의 목표)
  목표로 삼는 대회에서 좋은 성적을 낸다. 기술을 습득한다.
  (예) 전국 중학부나 고등부 대회에서 우승 등
❸ 단기(1주일, 1~6개월 이내의 목표)
  자신의 과제를 극복한다. 기술을 향상시킨다.
  (예) 역으로 맞잡기 자세에서 허벅다리걸기 기술을 완성시키기, 체력 향상 등

저는 이렇게 목표를 구분해서 구체적으로 어떤 결과를 내고, 언제 어떤 기술이 필요한지를 생각하면서 연습했습니다. 중요한 점은 단지 막연하게 연습에 임하는 것이 아니라, '나는 어떤 선수가 되고 싶은가?'를 명확히 하는 것입니다. 그래야만 자신이 어떤 훈련을 해야 할지 자연스럽게 알 수 있습니다.

CONTENTS

- 시작하는 글 4
- 일류 선수로 가는 길 6
- 이 책을 활용하는 방법 14

제1장 기초 지식

▶ 유도의 기본 이념 16
▶ 유도의 역사 18
▶ 유도의 예법 20
▶ 유도복에 관해 22
▶ 유도 기술과 본의 종류 24

금메달리스트의 유도 이야기 1 26

제2장 맞잡기·기울이기·몸쓰기

001 기본자세 28
002 깃과 소매의 명칭 30
003 맞잡기 31
004 깃과 소매를 잡는 법 32
005 팔방 기울이기 34
006 내딛기 36
007 이어딛기 36
008 앞으로 몸쓰기 37
009 뒤로 몸쓰기 37
010 앞으로 회전 몸쓰기 38
011 뒤로 회전 몸쓰기 38
012 맞잡기 상태에서 앞으로 회전 몸쓰기 39
013 맞잡기 상태에서 뒤로 회전 몸쓰기 40

제3장 낙법

- ▶ 기본 개념 낙법의 기초 지식 42
- 014 누운 상태에서 후방 낙법 44
- 015 쭈그려 앉은 상태에서 후방 낙법 45
- 016 선 상태에서 후방 낙법 45
- 017 한쪽 다리로 선 상태에서 후방 낙법 46
- 018 엎드려 누운 상대 위에서 후방 낙법 46
- 019 무릎 꿇고 엎드린 상대 위에서 후방 낙법 47
- 020 손바닥 밀기 47
- 021 누운 상태에서 측방 낙법 48
- 022 쭈그려 앉은 상태에서 측방 낙법 49
- 023 선 상태에서 측방 낙법 50
- 024 뒤집혀질 때의 측방 낙법 51
- 025 뛰어넘으며 측방 낙법 52
- 026 메치기를 당했을 때의 측방 낙법 ① 53
- 027 메치기를 당했을 때의 측방 낙법 ② 54
- 028 메치기를 당했을 때의 측방 낙법 ③ 55
- 029 양 무릎을 꿇은 상태에서 전방 낙법 56
- 030 선 상태에서 전방 낙법 57
- 031 한쪽 무릎을 꿇은 상태에서 전방 회전 낙법 58
- 032 선 상태에서 전방 회전 낙법 59
- 033 대자로 누운 상대를 뛰어넘는 전방 회전 낙법 60

제4장 메치기

- ▶ 기본 개념 메치기의 기초 지식 62
- ▶ 기술 설명 업어치기 64
- 034 업어치기의 핵심 ① 66
- 035 업어치기의 핵심 ② 66
- 036 뒤로 회전 몸쓰기 업어치기 67
- 037 안뒤축후리기 → 업어치기로 연결하기 68
- 038 안다리후리기 → 업어치기로 연결하기 70
- ▶ 세계의 기술 변칙 업어치기 71
- ▶ 기술 설명 한팔업어치기 72
- ▶ 세계의 기술 한팔업어치기를 하는 척하며 안뒤축감아치기 74
- ▶ 세계의 기술 안뒤축감아치기를 하는 척하며 한팔업어치기 75

▶ 기술 설명 빗당겨치기..76
039 안다리후리기 → 빗당겨치기로 연결하기...........................78
040 업어떨어뜨리기..79
▶ 기술 설명 다리들어메치기..80
▶ 기술 설명 소매들어허리채기..82
041 축이 되는 발을 바꾸어 소매들이허리채기.......................84
042 안뒤축후리기 → 소매들어허리채기로 연결하기.............85
▶ 기술 설명 허리후리기...86
043 허리후리기의 핵심 ①..88
044 허리후리기의 핵심 ②..88
045 허리후리기감아치기..89
▶ 기술 설명 허리껴치기...90
▶ 기술 설명 허리채기...92
▶ 기술 설명 허벅다리걸기...94
046 축이 되는 발로 외발뛰기...96
047 다리 차올리기...96
048 벽 짚고 허벅다리걸기...97
049 안다리후리기 → 허벅다리걸기로 연결하기....................98
050 밭다리후리기 → 허벅다리걸기로 연결하기..................100
▶ 세계의 기술 역으로 맞잡기에서 허벅다리걸기............101
051 허벅다리비껴되치기..102
▶ 세계의 기술 들어오는 다리를 거는 허벅다리비껴되치기...103
▶ 기술 설명 밭다리후리기...104
052 밭다리후리기의 핵심 ①..106
053 밭다리후리기의 핵심 ②..106
054 벽 짚고 밭다리후리기...107
055 안다리후리기 → 밭다리후리기로 연결하기 ①.............108
056 안다리후리기 → 밭다리후리기로 연결하기 ②.............110
057 발뒤축후리기 → 밭다리후리기로 연결하기..................111
▶ 기술 설명 모두걸기...112
058 모두걸기의 1인 부딪치기..114
059 모두걸기되치기...115
▶ 기술 설명 나오는발차기...116
▶ 기술 설명 안다리후리기...118
060 안다리후리기의 발동작 ①..120
061 안다리후리기의 발동작 ②..120
062 역으로 맞잡기 자세에서 안다리후리기.........................121
063 밭다리후리기 → 안다리후리기로 연결하기..................122
064 밭다리후리기 → 안다리후리기로 연결하기의 핵심 ①....123

065 밭다리후리기 → 안다리후리기로 연결하기의 핵심 ② 123
　▶ 기술 설명　발목받치기...124
　▶ 기술 설명　발뒤축후리기..126
066 역으로 맞잡기 자세에서 발뒤축후리기..128
067 역으로 맞잡기 자세에서 발뒤축걸기..129
068 발뒤축후리기 2인 부딪치기..129
　▶ 기술 설명　안뒤축후리기...130
069 안뒤축후리기의 핵심 ①...132
070 안뒤축후리기의 핵심 ②...132
071 뒤로 몸쓰기로 안뒤축후리기..133
　▶ 기술 설명　무릎대돌리기...134
　▶ 기술 설명　배대뒤치기..136
072 비스듬히 배대뒤치기...138
　▶ 세계의 기술　반대쪽 발로 배대뒤치기..139
　▶ 기술 설명　안오금띄기..140
073 밀착한 상태에서 안오금띄기..142
074 상대의 메치기 기술을 되치는 안오금띄기......................................143
　▶ 기술 설명　누우면서던지기...144
　▶ 기술 설명　모로띄기..146
075 어깨로메치기...148

제5장　굳히기

　▶ 기본 개념　굳히기의 기초 지식...150
　▶ 기본 개념　팔누르기..152
　▶ 기술 설명　위누르기..154
076 위누르기에 틀어가는 빙법..155
077 무릎 꿇고 엎드린 상대를 위누르기로 공격하기............................156
078 위누르기에서 빠져나가는 방법...157
　▶ 기술 설명　가로누르기..158
079 가로누르기에 들어가는 방법...159
080 무릎 꿇고 엎드린 상대를 가로누르기로 공격하기.......................160
081 안다리후리기 → 가로누르기로 연결하기...161
082 가로누르기에서 방어자가 다리를 조여오는 경우........................162
083 가로누르기에서 빠져나가는 방법 ① 튕겨 오르기........................163
084 가로누르기에서 빠져나가는 방법 ② 다리 조이기........................163
　▶ 기술 설명　세로누르기..164

085 세로누르기에 들어가는 방법 165
086 띠잡아뒤집기 → 세로누르기로 연결하기 166
087 다리를 조여 빠져나가려는 상대에 대응하기 167
088 2중으로 다리를 조여 빠져나가려는 상대에 대응하기 168
089 세로누르기에서 빠져나가는 방법 ① 튕겨 오르기 169
090 세로누르기에서 빠져나가는 방법 ② 다리 조이기 169
▶ 기술 설명 어깨누르기 170
091 어깨누르기에 들어가는 방법 171
092 무릎 꿇고 엎드린 상대를 어깨누르기로 공격하기 172
093 좌우 회전하기 173
094 어깨누르기에서 빠져나가는 방법 173
▶ 기술 설명 곁누르기 174
095 곁누르기에 들어가는 방법 175
096 무릎 꿇고 엎드린 상대를 곁누르기로 공격하기 176
097 곁누르기에서 빠져나가는 방법 ① 다리 조이기 177
098 곁누르기에서 빠져나가는 방법 ② 상대를 들어 올리기 177
▶ 기술 설명 안아조르기 178
099 안아조르기에 들어가는 방법 179
100 무릎 꿇고 엎드린 상대를 안아조르기로 공격하기 180
101 안뒤축후리기 → 안아조르기로 연결하기 182
102 안아조르기에서 빠져나가는 방법 183
▶ 기술 설명 팔가로누워꺾기 184
103 팔가로누워꺾기에 들어가는 방법 185
104 엎드린 상대에게 팔가로누워꺾기 ① 가로 회전 186
105 엎드린 상대에게 팔가로누워꺾기 ② 세로 회전 187
106 누워 있는 상태에서 팔가로누워꺾기 188
107 맞잡기 상태에서 팔가로누워꺾기 189
▶ 기술 설명 팔얽어비틀기 190
108 팔얽어비틀기에 들어가는 방법 191
109 맞잡기 상태에서 팔얽어비틀기 192

제6장 훈련

▶ 기본 개념 훈련의 기초 지식 194
110 겨드랑이 조이기 196
111 새우처럼 나아가기 196
112 허리 비틀기 197

113 발 돌리기 197
114 1인 부딪치기 198
115 2인 부딪치기 199
116 이동 부딪치기 200
117 번갈아 부딪치기 201
118 3인 부딪치기 ① 후방 기술 202
119 3인 부딪치기 ② 전방 기술 203
120 자유 대련 204
121 시합을 가정한 자유 대련 ① 206
122 시합을 가정한 자유 대련 ② 207
123 등을 맞대고 시작하는 자유 대련 207

금메달리스트의 유도 이야기 2..208

제7장 기초 체력 트레이닝

124 사이드 스텝 210
125 2인 스트레칭 211
126 레그 스윙 211
127 앉은 자세에서 점프하기 212
128 런지 워크 212
129 순발력 향상하기 213
130 스파이더 맨 213
131 유도복 잡고 매달리기 214
132 플랭크 214
133 외발 스쿼트 215
134 외발 스티프 215
135 튜브를 사용한 부딪치기 216

제8장 규칙, Q&A

▶ 규칙 218
▶ Q&A 221

● 마치는 글 222

읽기 전에 — 이 책을 활용하는 방법

이 책은 주로 '기술 설명'과 '메뉴'라는 두 가지 요소로 구성되어 있다. 그리고 더욱 고도의 기술이 요구되는 상급자용 테크닉은 '세계의 기술'이라는 이름으로 소개한다. 책을 펼치기 전에 간단히 알아두면 기술을 이해하는 데 도움이 될 것이다.

1 기술 설명

각 장에서 다루는 기술의 기초 이론과 방법을 설명한다. 핵심 동작과 기술 포인트 등을 참고해 기술의 기본을 확실히 익힐 수 있다.

❶ 기울이기의 방향
상대방을 기울이는 방향을 나타낸다. 백색 일러스트는 기술을 거는 선수, 청색 일러스트는 상대를 나타낸다.

❷ 핵심 사항
특별히 유념해야 하는 부분을 말풍선으로 설명했다.

2 메뉴

연습 난이도 및 성격에 따라 '기본', '응용', '연결 기술'의 세 항목으로 나누어 실력 향상을 위한 연습 방법과 테크닉을 설명한다.

❸ 연습의 난이도 및 성격
기본 기술을 익히기 위한 기본적인 연습 방법을 소개한다. **응용** 기본 기술에서 세부 동작을 약간 바꾼 응용 테크닉이나 상대에게 공격당했을 때 빠져나가는 방법 등을 소개한다. **연결 기술** 다른 기술로 연결하는 테크닉을 소개한다.

❹ 목표
각 연습의 주된 목표를 설명한다.

❺ 순서
연습을 하는 순서를 게재한다. 연습하는 횟수는 선수의 수준에 따라 설정하는 것이 기본이다. 올바른 자세로 각 동작을 소화할 수 있는 최대 횟수를 기준으로 삼고 연습한다.

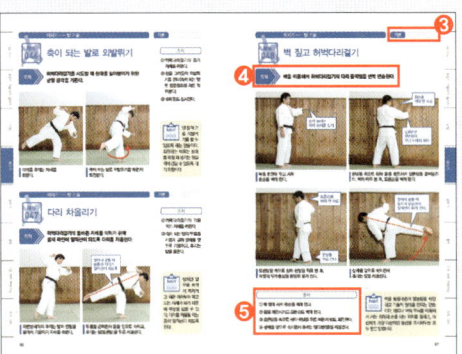

이 책에 나오는 용어 해설

- **낚음손** 주로 상대방의 깃을 잡는 손
- **후리는 발** 기술을 걸 때 상대방을 후리는 발
- **공격자** 기술을 거는 선수
- **당김손** 주로 상대방의 소매를 잡는 손
- **축이 되는 발** 기술을 걸 때 자신의 신체를 지탱하는 발
- **방어자** 기술을 당하는 선수

제1장

기초 지식

BASIC KNOWLEDGE

유도는 무도(武道)이며, 그 밑바탕에는
정력선용(精力善用)과 자타공영(自他共榮)이라는 이념이 있다.
가장 먼저 예법을 올바르게 익히고, 유도복의 세부 명칭 등도 알아보자.

유도를 이해하기 위해

기본개념 유도의 기본 이념

유도 수행의 궁극적인 목적은
'정력선용'과 '자타공영'

▶▶▶ 단순한 기술 습득을 넘어 교육적 가치를 지닌 무도

유도는 일본에서 정립된 무도로, 현재 전 세계적으로 널리 보급된 스포츠다. 유도를 창시한 사람은 가노 지고로(嘉納治五郎)라는 한 청년이었다. 1860년 일본 효고 현의 주조가에서 삼남으로 태어난 가노 사범은 어렸을 때부터 두뇌가 명석했지만 신체는 작고 허약했다. 그래서 언젠가는 강해지기 위해 유술*을 배워야겠다는 마음을 품으며 성장했다.

그 바람이 이루어진 것은 도쿄대학에 진학한 후였다. 아버지의 반대를 무릅쓰고, 어렸을 때부터 그토록 원했던 텐진신요류*를 배우기 시작한 것이다. 가노 사범은 유술 수행을 하면서 심신이 변화하는 것을 체감했다. 허약했던 신체가 강해지고, 짜증을 잘 내던 성격이 차분해졌다. 이런 경험을 통해 가노 사범은 심신을 단련하고 수행하는 일이 단순히 기술 습득에만 그치는 것이 아니라 교육적 가치도 있음을 깨달았다. 그때부터 기토류*를 비롯한 유술의 다른 유파나 무도를 연구해 유도를 창시하기에 이르렀다.

※ 유술(柔術) : 맨손이나 짧은 무기로 공방을 벌이는 일본의 전통 무술
※ 텐진신요류(天神眞楊流) : 기토류와 함께 유도의 기반이 된 유술의 한 유파
※ 기토류(起倒流) : 에도 시대 초기에 창시된 유술의 유파

▶▶▶ 상대방을 공경하고 존중한다

가노 사범은 유도를 통해 '정력선용(精力善用)'과 '자타공영(自他共榮)'이라는 두 가지 기본 이념을 지향하고자 했다. 유도가 전 세계에 보급될 수 있었던 이유는 이 두 가지 이념이 국가와 문화의 벽을 뛰어넘어 수많은 이들의 공감을 이끌어냈기 때문이다.

'정력선용'은 정신과 신체의 힘을 가장 효과적으로 발휘해 올바른 곳에 사용한다는 뜻이다. 이는 가노 사범이 기술 연구를 진행하면서 창안한 이념이며, 상대방에게 심신의 힘을 효과적으로 사용해서 공격과 방어를 한다는 의미로 사용한다.

'자타공영'은 자신의 번영만을 목적으로 삼는 것이 아니라, 상대방과 서로 돕고 양보하며 융화함으로써 다 함께 번영한다는 뜻이다.

유도의 기술은 상대방이 있어야 비로소 성립되며, 상대방은 자신의 기술을 높여주는 소중한 존재다. 그러므로 마땅히 서로 도우며 상대에게 감사와 경의를 표해야 한다.

무도에서 시작된 유도는 예의로 시작해 예의로 끝나며, 승패를 가르는 스포츠로서의 근간에 정력선용과 자타공영이라는 기본 이념을 담고 있다. 그렇기에 유도 수행 과정은 단순히 기술을 연마하는 데 그치는 것이 아니라, 스스로를 규율·단련하고 창의력을 발휘하면서 인간으로서의 성장을 이루는 것을 중요시한다. 그리고 이런 수행으로 얻은 경험을 살려 사회에 공헌하는 인재가 되는 것이 유도 수행의 최종 목적이라고 할 수 있다.

▶▶▶ 도장에 감사하는 마음을 잊지 않는다

유도는 무도이므로 도장이 신성한 장소임을 항상 유념해야 한다. 도장은 기술을 익히고 자신을 성장시키는 곳이다. 필자 역시 도장에 출입할 때마다 복장을 가다듬고 입례를 한다.

도장 안에서는 훈련에 집중하는 것이 중요하다. 집중은 실력 향상의 지름길이며, 부상 방지에도 도움이 된다. 도장에 들어서면 잡념을 버리고 훈련에만 집중하도록 하자.

▶▶▶ 지도자는 강의와 문답을 소홀히 해서는 안 된다

가노 사범은 유도의 지도법으로서 '본(本)', '자유 대련', '강의', '문답'을 중요하게 여겼다고 한다. 여기서 '본'은 기본을 가르치는 것이고 '자유 대련'은 실제 시합처럼 연습시키는 것이며 '강의'는 학문적인 견해를 토대로 설명하는 것이고 '문답'은 스승과 제자 사이에 의문이 생길 때마다 곧바로 묻고 답하는 것이다.

최근에는 승패에 너무 집착한 나머지 강의와 문답을 생략하는 경향이 있다. 그러나 유도의 진정한 매력을 전수하기 위해서는 강의와 문답을 결코 소홀히 해서는 안 된다.

유도를 이해하기 위해

기본 개념 | 유도의 역사

일본 도쿄 번화가의 한 도장에서 시작된 유도
세계인의 축제, 올림픽의 정식 종목이 되다

▶▶▶ 유도의 역사는 1882년에 시작되었다

가노 사범은 정력선용과 자타공영이라는 기본 이념을 토대로, 1882년 5월 도쿄 영창사(永昌寺) 내에 '고도칸(講道館)'을 설립했다. 당시 21세에 불과했던 가노 사범은 고도칸에서 독자적으로 개발한 '니혼덴 고도칸 유도(日本伝講道館柔道)'를 가르치기 시작했고, 이것이 유도의 시작이었다.

참고로 니혼덴 고도칸 유도는 유도의 정식 명칭이며 현재 사용되는 '유도'라는 말은 이의 약칭이다.

※ 국제유도연맹 규약의 제1조 '정의'에는 '국제유도연맹은 가노 지고로에 의해 심신 교육체계로 창안되어 올림픽 종목이 된 유도를 인정한다.'라고 정의되어 있다.

▶▶▶ 도쿄 올림픽에서 정식 종목으로 채택

고도칸에서 가노 사범이 지도를 시작하면서 유도는 금세 일본 전역으로 확산되었다. 또한 가노 사범과 제자들의 열정적인 보급 활동으로 인해 전 세계에 유도 애호가가 늘어나기 시작했다.

한편 유도 외의 다양한 스포츠에도 정통하고 교육자로서도 명성이 높았던 가노 사범은 1909년에 아시아 최초의 국제 올림픽 위원으로 선출되었고, 훗날 '일본 근대 스포츠의 아버지'로 불리게 되었다.

더 많은 사람들에게 유도의 매력이 알려지게 된 계기는 가노 사범이 세상을 뜬 지 수십 년이 지나 개최된 1964년 도쿄 올림픽이었다. 아시아에서 처음으로 개최된 올림픽에서 유도가 정식 종목으로 채택되어 전 세계에 그 매력을 발산했다. 이후 유도는 1968년 멕시코시티 올림픽을 건너뛰고, 1972년 뮌헨 올림픽부터 지금까지 정식 종목으로 경기가 치러지고 있다.

유도가 이처럼 국제화되고 스포츠로서의 성격이 강해지면서 규칙 또한 세밀하게 변경·발전되었다. 현재는 200곳이 넘는 국가와 지역이 국제유도연맹(1951년 설립)에 가맹되어 있다.

▼ 유도의 주요 역사 연표

연도	사건
1860	가노 지고로 출생
1882	가노 지고로 고도칸 설립
1900	고도칸 유도 자유 대련 시합 심판 규정(고도칸 룰) 제정
1909	가노 지고로가 일본 최초의 국제 올림픽 위원으로 취임
1948	제1회 일본 유도 선수권 대회 개최
1951	국제유도연맹(International Judo Federation, IJF) 발족
1956	제1회 세계 유도 선수권 대회 개최(일본 도쿄)
1961	IJF가 체중별 체급을 제정(4체급제)
1964	도쿄 올림픽 개최. 올림픽 정식 종목으로 채택
1967	IJF 시합 심판 규정(IJF 룰) 제정
1980	제1회 세계 여자 유도 선수권 대회 개최(미국 뉴욕)
1992	바르셀로나 올림픽에서 여자 유도 올림픽 정식 종목으로 채택
1997	IJF 총회에서 컬러 유도복(청색) 도입 결정
1999	IJF 주최 대회에서는 여자 선수의 검은 띠에서 하얀 선을 없앰
2003	IJF 주최 대회에서 골든 스코어 방식의 연장전 도입
2007	비디오 판정 제도 도입
2009	IJF 세계 랭킹 제도 도입
2010	IJF 시합 심판 규정에서 띠 아랫부분 잡기 등을 제한
2017	IJF 시합 심판 규정의 대대적 변경('유효'의 폐지 등)

※ 일본에서 체계를 확립한 현대 유도가 우리나라에 들어온 것은 조선 고종 때로 알려져 있다. 일제 강점기 기독교 청년회(YMCA)의 주도로 시작되어, 광복 후인 1948년 조선유도연맹이 창설되면서 본격적으로 보급되었다. 1953년 대한유도학교가 설립되었고, 1956년에 국제유도연맹과 아시아유도연맹에 가입하였다.

유도의 예법

입례 머리를 숙이고 약 3초간 인사한 후, 천천히 원래 자세로 돌아온다.
익숙지 않으면 머리를 숙이고 숫자를 세거나, 상대에게 시간을 확인해 달라고 한다.

앞모습

- 머리를 움직이지 말고 정면을 바라본다.
- 발뒤꿈치를 붙이고, 양 발끝은 30도 정도 벌린다.

1 발뒤꿈치를 붙이고, 발끝 사이를 벌린다.

- 양손을 앞쪽으로 내린다.

2 천천히 허리를 굽히고 머리를 숙인다.

옆모습

- 손끝을 똑바로 편다.

1 등을 쭉 펴고 선다.

- 기본자세에서 30~40도 정도 허리를 숙인다.
- 시선을 너무 내리지 않는다.

2 30~40도 정도 허리를 숙인다.

예법은 상대에 대한 존중의 마음을 표현하는 유도 수행의 기본 절차로서서 인사하는 '입례(立禮)'와 앉아서 인사하는 '좌례(座禮)'가 있다.

좌례

옆에서 봤을 때 매트를 기준으로 30도 정도의 각도로 인사한다. 이때 너무 얕게 숙이거나 깊게 숙이지 않고, 등을 똑바로 편 채 허리를 굽힌다. 고개 또한 과도하게 숙이지 않는다.

1
손끝을 너무 쭉 펴지 않는다.

등을 펴고 똑바로 선다.

2
왼발을 뒤쪽으로 똑바로 뺀다.

왼쪽 무릎을 매트에 대고 오른쪽 다리를 세운다.

3
발끝을 세워 앉는다.

오른쪽 무릎도 매트에 대고 양 무릎으로 앉는다.

4
무릎 사이의 간격은 주먹 2개가 들어갈 정도로 벌린다 (단, 여자는 무릎을 모은다).

오른쪽 엄지발가락이 위, 왼쪽 엄지발가락이 아래에 오도록 발을 겹친다.

발등을 매트에 대고 허리를 낮춘다.

5
3초 정도 머리를 숙인다.

양손을 팔자(八) 모양으로 매트에 대고 머리를 숙인다.

6
천천히 머리를 든다.

7
발끝을 세우고 양 무릎으로 앉는다.

8
오른쪽 다리를 똑바로 올린다.

오른쪽 다리를 올리고 왼쪽 무릎으로 앉는다.

9
등을 편다.

처음의 직립 자세로 돌아온다.

유도복에 관해

옆깃
왼쪽 깃이 위로 오도록 입는다.
앞깃
가운데 소매
옆띠
소맷부리
앞띠
상의 자락
하의 자락

유도복의 규정

유도복에는 백색 유도복과 청색 유도복이 있다. 국제유도연맹(IJF) 주최 대회에서는 한 선수가 백색 유도복을, 상대 선수가 청색 유도복을 사용한다. 유도복의 소매 길이와 두께 등도 IJF 규정에 의해 구체적으로 정해져 있다. 최근에는 무릎보다 짧은 길이의 타이츠를 하의 밑에 착용하는 것도 인정된다.

위생에 관한 규정

IJF는 위생과 관련해 다음의 사항을 규정하고 있다.

- 유도복은 잘 건조해서 불쾌한 냄새가 나지 않도록 한다.
- 손톱과 발톱은 짧게 깎는다.
- 개인 위생 상태를 청결하게 유지한다.
- 머리카락이 길 경우, 상대방에게 방해가 되지 않도록 잘 묶는다.
- 가발 착용은 금지한다.

여자 선수의 복장

상의 밑에 다음 중 하나를 받쳐 입도록 규정하고 있다. 장신구는 착용하지 않는 것이 원칙이다.

- 흰색 또는 흰색에 가까운 반소매 민무늬 티셔츠. 하의 안에 넣고 입을 수 있을 만큼 충분히 길어야 한다.
- 흰색 또는 흰색에 가까운 반소매 민무늬 레오타드.

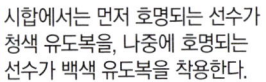

시합에서는 먼저 호명되는 선수가 청색 유도복을, 나중에 호명되는 선수가 백색 유도복을 착용한다.

여자

일본은 여자 선수의 검은 띠 중간에 흰 선이 있으나, IJF 대회에서는 흰 선이 없는 검은 띠를 사용한다.

유도를 할 때는 규격에 맞는 유도복을 착용해야 한다. 유도복의 각 부위 명칭을 잘 기억해두어야 지도자와 선수 간의 의사소통이 원활할 수 있다.

띠 매는 법

띠의 중앙을 배의 정면에 대고 몸통에 한 바퀴 두른다.

오른손으로 잡은 띠가 위로 오도록 해 띠를 교차시킨다.

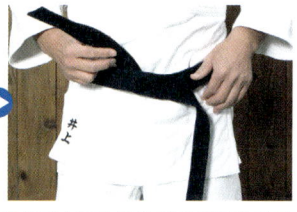

오른손으로 잡은 띠를 몸통에 두른 띠 밑으로 넣는다.

띠의 양 끝으로 고리를 만들고, 한쪽 끝을 고리 안에 집어넣는다.

양쪽 끝을 잡아당겨 꽉 묶는다.

유도복을 하의→상의 순으로 착용하고, 상의를 여민 후 띠를 맨다. 배 앞에서 매듭이 지어지도록 한다.

유도복을 개는 법

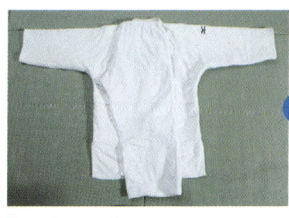

상의를 펼쳐놓고 그 위에 반으로 접은 하의를 올린다.

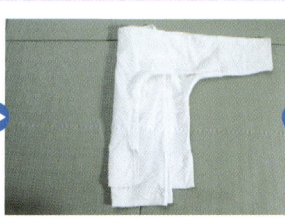

상의 오른쪽을 세로 중앙선에 맞도록 접는다.

왼쪽도 같은 방식으로 접는다. 소매가 삐져나오지 않게 정리한다.

세로로 돌돌 말아 사각형으로 만든다.

마지막으로 띠를 맨다.

이와 같이 유도복을 개면 깔끔하게 정리할 수 있다. 유도복을 소중히 여기는 것은 유도인의 기본 마음가짐이다.

유도를 이해하기 위해

기본개념: 유도 기술과 본의 종류

유도 기술의 종류

국제유도연맹에서는 유도 기술을 다음과 같이 분류한다.
※ 이 책에 실린 기술은 푸른색으로 표시했다.

메치기

손기술 (16개)
- 한팔업어치기⇒72쪽
- 띄어치기
- 허벅다리비껴되치기⇒102쪽
- 띠잡아떨어뜨리기
- 띠잡아뒤집기
- 어깨로메치기⇒148쪽
- 발목잡아메치기
- 오금잡아메치기
- 안뒤축되치기
- 다리들어메치기⇒80쪽
- 모로떨어뜨리기
- 업어떨어뜨리기⇒79쪽
- 업어치기⇒64쪽
- 빗당겨치기⇒76쪽
- 다리잡아메치기
- 외깃잡아업어후리기

허리기술 (10개)
- 허리띠기
- 뒤허리안아메치기
- 허리움겨치기
- 허리꺼치기⇒90쪽
- 허리돌리기
- 소매들어허리채기⇒82쪽
- 띠잡아허리채기
- 허리채기⇒92쪽
- 허리튀기
- 허리후리기⇒86쪽

발기술 (21개)
- 다리대돌리기
- 허벅다리걸기⇒94쪽
- 허벅다리되치기
- 안다리되치기
- 안다리후리기⇒118쪽
- 허리대돌리기
- 밭다리걸기
- 밭다리되치기
- 밭다리후리기⇒104쪽
- 두밭다리걸기
- 모두걸기⇒112쪽
- 안뒤축후리기⇒130쪽
- 발뒤축걸기⇒129쪽
- 발뒤축후리기⇒126쪽
- 발목받치기⇒124쪽
- 모두걸기되치기⇒115쪽
- 나오는발차기⇒116쪽
- 발목후리기
- 허리튀기되치기
- 허리후리기되치기
- 무릎대돌리기⇒134쪽

바로누우며 메치기 (5개)
- 누우면서던지기⇒144쪽
- 안오금띄기⇒140쪽
- 뒤집어넘기기
- 배대뒤치기⇒136쪽
- 끌어누우며뒤집기

모로 누우며 메치기 기술 (14개)
- 모로띄기⇒146쪽
- 안쪽감아치기
- 허벅다리감아치기
- 밭다리감아치기
- 안뒤축감아치기⇒74쪽
- 바깥감아치기
- 허리안아돌리기
- 오금대떨어뜨리기
- 허리튀겨감아치기
- 허리후리기감아치기⇒89쪽
- 옆으로떨어뜨리기
- 모로걸기
- 모로돌리기
- 옆으로누우며던지기

굳히기

누르기 기술 (9개)
- 변형누르기
- 뒤곁누르기
- 어깨누르기⇒170쪽
- 위누르기⇒154쪽
- 위고쳐누르기
- 고쳐곁누르기
- 곁누르기⇒174쪽
- 세로누르기⇒164쪽
- 가로누르기⇒158쪽

조르기 기술 (11개)
- 안아조르기⇒178쪽
- 외십자조르기
- 어깨로조르기
- 죽지걸어조르기
- 역십자조르기
- 삼각조르기
- 소매깃잡고조르기
- 주먹조르기
- 십자조르기
- 맨손조르기
- 양손조르기

꺾기 기술 (9개)
- 팔얽어비틀기⇒190쪽
- 다리대팔꺾기
- 어깨대팔꿈치꺾기
- 삼각팔꺾기
- 팔가로누워꺾기⇒184쪽
- 손대팔꺾기
- 배대팔꺾기
- 무릎대팔꺾기
- 겨드랑이대팔꺾기

금지 기술
- 다리얽어비틀기(꺾기 기술)
- 가위치기(발 기술)

금지 기술	• 안다리꼬아넘기기(발 기술)
	• 허리조르기(조르기 기술)

대표적인 본(本)의 종류

고도칸 유도에서 본은 유도 기술의 기본적인 공방 형태에 관한 원리를 배우는 방법이다. 책에서는 대표적인 다섯 종류의 본을 소개한다.

메치기 본	손 기술	• 띄어치기 • 어깨로메치기 • 업어치기
	허리 기술	• 허리띄기 • 허리채기 • 허리후리기
	발 기술	• 허벅다리걸기 • 모두걸기 • 발목받치기
	바로 메치기 누워 기술	• 누우면서던지기 • 안오금띄기 • 배대뒤치기
	모로 메치기 누워 기술	• 모로띄기 • 모로돌리기 • 모로걸기
굳히기 본	누르기 기술	• 어깨누르기 • 위누르기 • 위고쳐누르기 • 곁누르기 • 가로누르기
	조르기 기술	• 안아조르기 • 외십자조르기 • 죽지걸어조르기 • 역십자조르기 • 맨손조르기
	꺾기 기술	• 다리얽어비틀기 • 팔얽어비틀기 • 어깨대팔꿈치꺾기 • 팔가로누워꺾기 • 무릎대팔꺾기
호신의 본	앉아 하기	• 양팔잡기 • 지르기 • 이마훑기 • 관자치기 • 뒤로잡기 • 칼지르기

호신의 본		• 칼로베기 • 칼옆지르기
	서서 하기	• 양팔잡기 • 소매잡기 • 지르기 • 턱치기 • 이마훑기 • 관자치기 • 차기 • 뒤로잡기 • 칼지르기 • 칼베기 • 긴칼지르기 • 긴칼베기
부드러운 본	제1교	• 내찌르기 • 어깨밀기 • 두손잡기 • 어깨돌리기 • 턱밀기
	제2교	• 내려베기 • 두어깨돌리기 • 빗치기 • 왼손잡기 • 왼손들기
	제3교	• 띠잡기 • 가슴밀기 • 내려치기 • 턱치기 • 두눈찌르기
고도칸 호신술	맨손공격의 방어	• 턱을 올려칠 때 • 목깃을 잡을 때 • 뒤에서 조를 때 • 뒤에서 몸을 잡을 때 • 한 손을 잡을 때 • 정면을 칠 때 • 왼쪽 깃을 잡을 때 • 정면에서 발차기할 때 • 오른쪽 깃을 잡을 때 • 옆차기할 때 • 양손을 잡을 때
	무기공격의 방어	• 앞에서 칼로 찌를 때 • 가까이에서 칼로 찌를 때 • 칼로 내려찍을 때 • 권총을 옆에서 들이댈 때 • 권총을 앞에서 들이댈 때 • 권총을 뒤에서 들이댈 때 • 봉으로 내려칠 때 • 먼 곳에서 봉으로 내려칠 때 • 봉으로 찔러올 때

금메달리스트의 유도 이야기 1

'무엇을 위해 훈련하는가'가 중요
의미 있는 연습이 재미있다

유도 훈련은 인간으로서 성장하기 위한 중요한 과정

유도는 상대방이 있어야 비로소 성립합니다. 따라서 늘 상대를 존중하고 상대에게 감사하는 마음을 지녀야 하는데, 그러한 마음을 항상 되새기는 과정을 통해 바른 인성을 지닌 사람으로 성장할 수 있다고 생각합니다.

유도 훈련은 '날마다 꾸준히 노력하면서 자신의 기술을 추구하고, 체력을 향상시키고, 지력(知力)을 배양하는 것'이라고 할 수 있습니다. 때로는 괴롭기도 한 훈련을 통해 자기 자신을 훈계하고, 규율하고, 정신을 단련할 수 있습니다. 다섯 살 때 유도를 시작한 저는 유도를 너무나 좋아하는 어린이였습니다. 훈련은 때로는 엄격했고 힘든 면도 있었지만, 기술을 익혔을 때의 즐거움이나 시합에서 이겼을 때의 기쁨은 그에 비할 바가 아니었습니다. 유도가 즐겁지 않았다면 열심히 연습하지 못했을 것입니다.

훈련의 의미를 스스로 납득함으로써 즐거움을 느낄 수 있다

유도를 지금껏 계속 해올 수 있었던 이유를 돌이켜보면, 초등학생 때 다녔던 도장 선생님의 가르침 덕분이 아닐까 싶습니다. 선생님은 훈련할 때마다 '왜 이 연습이 필요한지, 어떨 때 도움이 되는지'를 늘 정성껏 상세하게 가르쳐주셨습니다. 그 덕분에 저는 기술 하나하나를 똑똑히 이해한 후에 '이 기술을 배우면 강해지겠구나' 하고 안심하며 훈련에 임할 수 있었습니다. 또한 그 당시 연습 메뉴가 단조롭지 않았고 어린이들의 의욕을 불러일으킬 수 있게 흥미로운 프로그램으로 짜여 있었던 영향도 컸습니다. 그때의 경험은 저에게 커다란 재산이 되었고, 세계 무대에 서게 된 후로도 늘 기술의 의미를 생각하면서 훈련에 임하게 되는 습관이 생겼습니다.

그래서 저는 의미 없는 훈련을 싫어합니다. 그냥 무턱대고 기술을 걸고, 얼굴을 찡그리고, 숨이 차오르는 것만으로 만족하는 '목적의식 없는 훈련'은 선수의 진정한 성장에 도움이 되지 않습니다. 지도자는 선수가 자발적 능력(의욕, 생각하는 힘)을 이끌어낼 수 있도록 격려하고 환경을 정비해야 합니다. 그렇게 지도하면 선수는 자신이 왜 이런 행동을 해야 하는지 납득하면서 훈련에 임하게 되고, 지도자와 좋은 관계를 구축할 수 있게 됩니다.

제 2 장
맞잡기 · 기울이기 · 몸쓰기

A FUNDAMENTAL MOTION

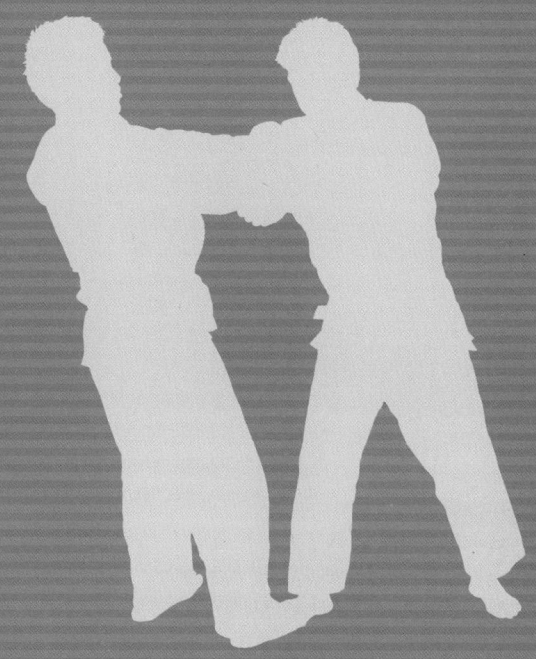

유도 기술은 상대의 유도복을 잡는 것에서 시작한다.
서로의 유도복을 양손으로 잡는 맞잡기의 기본 형태를 알아본다.
또한 안정된 자세로 이동하는 방법을 몸쓰기라고 하는데
이동할 때는 발로 매트를 쓸듯이 움직이는 것이 기본 요령이다.

맞잡기 · 기울이기 · 몸쓰기 ······ 자세   기본

기본자세

목적 몸에 불필요한 힘을 빼고, 발끝에 체중을 싣는다.
두 가지 기본자세인 자연체와 자호체를 이해한다.

자연체

자연본체 · 앞모습

몸은 상대의 정면을 향한다.

발끝 쪽에 체중을 싣는다.

발은 어깨너비보다 약간 넓게 벌린다.

힘을 주지 않고 자연스러운 상태로 취하는 자세가 자연본체다.

자연본체 · 옆모습

신속히 움직일 수 있도록 무릎을 가볍게 구부린다.

자연본체 · 뒷모습

불필요한 힘을 빼고 자연스러운 상태를 유지한다.

우자연체

오른쪽 발과 어깨를 앞으로 약간 내민다.

좌자연체

왼쪽 발과 어깨를 앞으로 약간 내민다.

> **POINT** 기본자세에는 자연체와 자호체가 있다. 자연체는 공격과 방어에 모두 대응할 수 있는 자세고, 자호체는 방어에 적합한 자세다. 자호체는 자연체보다 발을 넓게 벌리고, 무릎을 깊숙이 굽혀 무게중심을 낮춘다. 자호체는 안정적인 자세이지만, 허벅지를 비롯한 전신의 근력이 필요하므로 자세를 유지하기 어렵고 갑작스러운 움직임에 대응하기 힘들다는 단점이 있다. 자연체와 자호체에서 각각 한쪽 발을 약간 앞으로 내밀어 비스듬한 자세를 취하기도 하는데, 앞으로 내민 발의 위치와 자세에 따라 우자연체, 좌자연체, 우자호체, 좌자호체로 나뉜다.

자호체

자호본체 · 앞모습

- 무게중심을 낮춘다.
- 가슴을 편다.
- 자연체보다 발을 넓게 벌린다.
- 체중은 발끝 쪽에 싣는다.

무게중심을 낮추는 자호체는 방어에 적합한 자세다.

자호본체 · 옆모습

무릎을 굽히고 자세를 안정시킨다.

자호본체 · 뒷모습

불필요한 힘을 뺀다.

무게중심이 발뒤꿈치로 가지 않도록 주의한다.

우자호체

오른쪽 발과 어깨를 앞으로 약간 내민다.

좌자호체

왼쪽 발과 어깨를 앞으로 약간 내민다.

맞잡기 · 기울이기 · 몸쓰기 …… 맞잡기 　　　기본

깃과 소매의 명칭

 유도복 잡는 위치에 따라 소매와 깃의 명칭이 다르므로 각각의 명칭을 익힌다.

깃의 명칭

앞깃

가운데깃

목깃

| 가슴 부근을 앞깃이라고 한다.

| 쇄골 부근을 가운데깃이라고 한다.

| 상대의 목 뒤쪽 부근을 목깃이라고 한다.

소매의 명칭

앞소매

가운데소매

뒷소매

| 상대의 손목 부근을 앞소매라고 한다.

| 상대의 팔꿈치 부근을 가운데소매라고 한다.

| 상대의 어깨 부근을 뒷소매라고 한다.

 깃의 명칭을 알아두면 연습할 때 편리하므로, 선수는 물론 지도자도 확실히 기억하기 바란다. 참고로 맞잡기는 모든 기술에 대응하기 쉽도록 가운데깃과 가운데소매를 잡는 것이 기본이다.

유도복을 잡는 기본적인 위치는 가운데깃과 가운데소매다.

맞잡기 · 기울이기 · 몸쓰기 ······ 맞잡기   기본

메뉴 003 맞잡기

목적 유도는 상대를 잡는 것으로부터 시작한다.
그 기본이 되는 맞잡기 방법에 관한 명칭을 익힌다.

오른쪽 바로 맞잡기

당김손은 상대의 소매를 잡는 것이 기본

낚음손은 상대의 깃을 잡는 것이 기본

낚음손이 오른손인 선수끼리(당김손이 왼손인 선수끼리) 맞잡는 것을 오른쪽 바로 맞잡기라고 부른다.

오른쪽 바로 맞잡기를 할 때는 오른발을 서로 앞으로 내민다.

POINT 상대의 깃을 잡는 손이 낚음손, 상대의 소매를 잡는 손이 당김손이다. 이때 낚음손이 어느 쪽인지에 따라 오른쪽 맞잡기와 왼쪽 맞잡기로 나눈다. 맞잡은 상태에 따라서도 바로 맞잡기와 역으로 맞잡기로 나눌 수 있다. 역으로 맞잡기는 마주하는 서로의 깃과 깃, 소매와 소매를 맞잡는 형태다.

낚음손 위치에 따른 차이
- **오른쪽 맞잡기**
  낚음손이 오른쪽, 당김손이 왼쪽
- **왼쪽 맞잡기**
  낚음손이 왼쪽, 당김손이 오른쪽

맞잡은 상태에 따른 차이
- **바로 맞잡기**
  오른쪽 맞잡기 대 오른쪽 맞잡기, 왼쪽 맞잡기 대 왼쪽 맞잡기
- **역으로 맞잡기**
  오른쪽 맞잡기 대 왼쪽 맞잡기

역으로 맞잡기

당김손은 상대의 소매를 잡는 것이 기본

낚음손은 상대의 깃을 잡는 것이 기본

역으로 맞잡기는 같은 쪽 깃과 같은 쪽 소매를 서로 맞잡는 형태다.

백색 유도복을 입은 선수가 오른쪽 역으로 맞잡기를 하고 있다.

맞잡기 · 기울이기 · 몸쓰기 …… 맞잡기   기본

메뉴 004 깃과 소매를 잡는 법

 상대방의 유도복을 잡을 때는 가운뎃손가락, 약손가락, 새끼손가락으로 잡고 손목을 세운다. 엄지손가락과 집게손가락은 살짝 갖다 대듯 잡는다.

깃을 잡는 법

가운뎃손가락, 약손가락, 새끼손가락을 이용해 상대의 깃을 단단히 잡는다.

세 손가락으로 단단히 잡는다.

1

엄지손가락과 집게손가락은 살짝 갖다 대듯이 잡는다.

엄지손가락과 집게손가락은 다른 손가락만큼 강하게 힘 주지 않는다.

2

손목을 세우되, 여러 방향으로 유연하게 움직일 수 있도록 너무 힘주지 말아야 한다.

손목을 세운다.

손목은 유연하게 사용한다.

3

> **POINT 1**
> 상대에게 기술을 걸기 위해서는 상대의 유도복을 잡아야만 하므로 깃과 소매를 잡는 것은 기술 습득을 위해 빼놓을 수 없는 기본 요소다. 낚음손의 가운뎃손가락, 약손가락, 새끼손가락으로 상대의 깃을 단단히 잡고 손목을 세운다. 엄지손가락, 집게손가락은 살짝 가져다 대듯이 잡는다. 당김손의 새끼손가락을 상대의 소매에 걸어서 끌어당기고 손목을 세운다. 이때 겨드랑이가 벌어지면 상대방에게 힘을 전달하기 어려우므로 오므리는 것이 기본이다. 특히 낚음손 쪽의 겨드랑이가 벌어지지 않도록 조심한다.

소매를 잡는 법

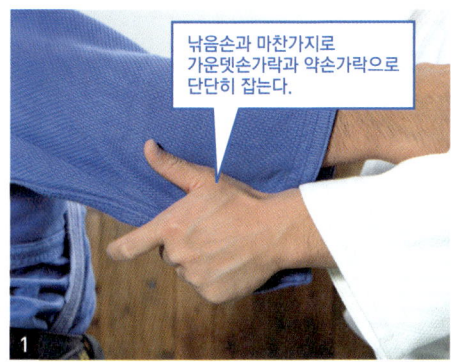

낚음손과 마찬가지로 가운뎃손가락과 약손가락으로 단단히 잡는다.

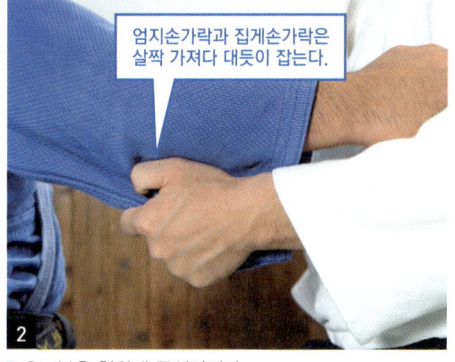

엄지손가락과 집게손가락은 살짝 가져다 대듯이 잡는다.

1. 새끼손가락을 소매에 걸고 가운뎃손가락과 약손가락으로 단단히 잡는다.
2. 유도복을 힘차게 끌어당긴다.

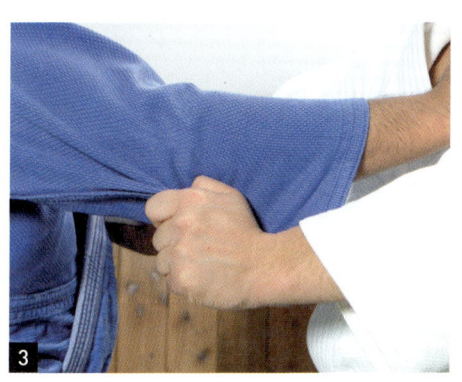

3. 손목을 세운다.

> **POINT 2**
> 소매를 잡은 손목을 여러 방향으로 유연하게 사용할 수 있어야 상대를 제어해 시합을 유리하게 이끌 수 있다.

손목은 부드럽고 자유롭게 사용할 수 있어야 한다.

> **POINT 3**
> 잡기에 관한 반칙이 많으므로 주의해야 한다. 예를 들어 소맷부리에 손가락을 넣거나 소매를 꾸겨서 잡는 것은 반칙이다. 또한 2010년부터는 하반신을 직접 공격하는 태클이 금지되었다. 한편 국제유도연맹 시합 심판 규정은 자주 변경되므로, 수시로 새로운 정보를 확인해서 규칙 변경에 대처해야 한다.

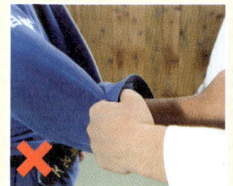 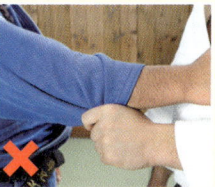

손가락을 소맷부리에 넣거나 소매를 꾸겨서 잡는 것은 반칙이다.

맞잡기 · 기울이기 · 몸쓰기 …… 기울이기   기본

팔방 기울이기

목적 상대방의 무게중심을 무너뜨려 불안정한 자세로 만드는 것을 '기울이기'라고 한다. 기술을 걸기 전에 꼭 필요한 기울이기를 이해한다.

팔방 기울이기

뒤왼모

왼쪽

앞왼모

뒤

앞

뒤오른모

오른쪽

앞오른모

POINT 1 유도의 기술은, 자신이 직접 상대방에게 압력을 가하거나 상대방의 동작을 이용해 무게중심을 무너뜨림으로써 불안정한 자세를 유도하는 '기울이기'로부터 시작된다. 기울이기에 규정된 방향은 없으나, 전후좌우와 대각선 방향을 포함하는 여덟 방향으로 기울이는 것이 기본이다. 이를 '팔방 기울이기'라고 한다.

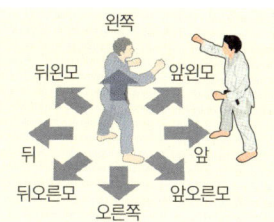

상대방이 정면을 향하도록 만드는 손 사용법

바로 맞잡기

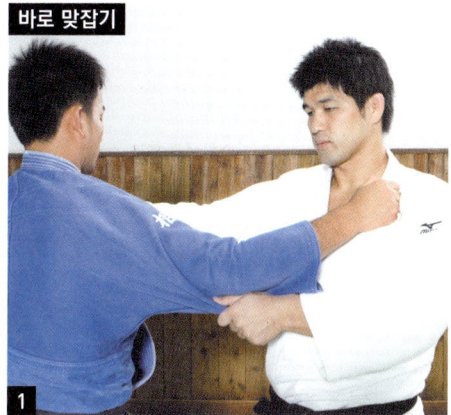

1 상대의 유도복을 단단히 잡는다.

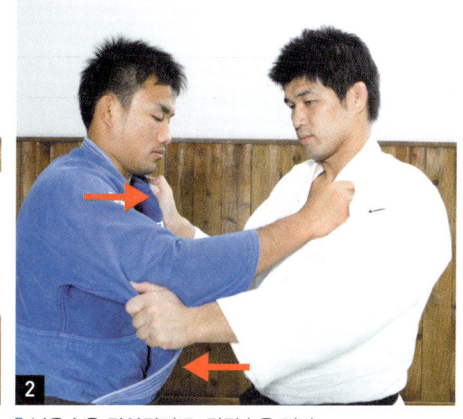

2 낚음손을 잡아당기고, 당김손을 민다.

역으로 맞잡기

1 상대의 유도복을 단단히 잡는다.

2 낚음손을 밀고, 당김손을 잡아당긴다.

POINT 2 맞잡기 상황에서 상대방을 자신의 정면으로 향하게 하면, 본격적인 기술에 들어가기 전에 팔방 기울이기로 쉽게 연결할 수 있다. 팔방 기울이기를 함에 있어, 바로 맞잡기 상황일 때는 낚음손을 끌어당기고 당김손을 밀어낸다. 반면 역으로 맞잡기 상황일 때는 낚음손을 앞으로 밀어내고 당김손을 잡아당겨서 상대의 당김손이 자신 쪽으로 가까이 오도록 한다.

맞잡기 · 기울이기 · 몸쓰기 …… 몸쓰기 기본

내딛기

내딛기는 상대방을 몰아가는 경우에 사용하는 이동 방법이다.
양발을 교대로 내밀며 매트를 쓸듯이 이동한다.

매트를 쓸듯이 이동한다.

1 한쪽 발을 앞으로 내민다.

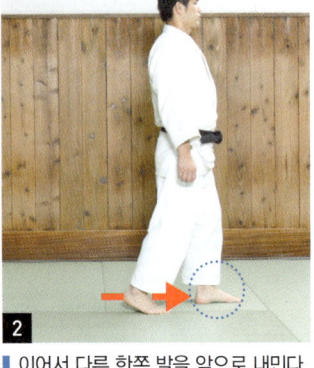

2 이어서 다른 한쪽 발을 앞으로 내민다.

POINT 유도에서는 안정된 자세를 유지하기 위해 몸의 상하 움직임을 되도록 줄이고 발바닥으로 매트를 쓸듯이 이동하는 것이 기본이다. 내딛기는 보통의 걸음처럼 양발을 교대로 내밀며 이동하는 방법이다.

맞잡기 · 기울이기 · 몸쓰기 …… 몸쓰기 기본

이어딛기

이어딛기는 상대와의 거리를 조정할 때 사용하는
이동 방법이다. 앞으로 내민 발 뒤쪽에 다른 쪽 발을
스치듯이 갖다 댄다.

1 한쪽 발을 앞으로 내민다.

다른 쪽 발을 스치듯이 갖다 댄다.

2 내민 발 뒤쪽에 다른 발을 갖다 댄다.

POINT 유도의 이동 방법은 크게 내딛기와 이어딛기로 나뉜다. 이 중에서 특히 이어딛기를 잘 익히는 것이 실력을 향상시키는 지름길이라 할 수 있다. 이어딛기는 우선 한쪽 발을 앞으로 내밀고, 이어서 그 발 뒤쪽에 다른 발을 갖다 대는 방법이다. 자칫 양발을 모아버리면 상대로부터 기술이 걸릴 수 있으므로 주의해야 한다.

맞잡기·기울이기·몸쓰기 …… 몸쓰기   기본

앞으로 몸쓰기

목적 발을 앞으로 내밀고 몸의 방향을 90도 바꾼다. 오른발을 내밀면 오른쪽 앞으로 몸쓰기가 되고, 왼발을 내밀면 왼쪽 앞으로 몸쓰기가 된다.

1. 오른발을 내미는 오른쪽 앞으로 몸쓰기를 소개한다.
2. 오른발의 발끝을 비스듬히 앞으로 향하며 내민다. (발끝의 각도는 45도 정도)
3. 오른발을 축으로 삼아 왼발을 뒤로 빼서 몸의 방향을 바꾼다. (왼발을 뒤로 뺀다.)

POINT 안정된 자세로 몸의 방향을 바꾸는 것을 몸쓰기라고 한다. 몸쓰기는 앞으로 몸쓰기, 뒤로 몸쓰기, 앞으로 회전 몸쓰기, 뒤로 회전 몸쓰기가 있다.

맞잡기·기울이기·몸쓰기 …… 몸쓰기   기본

뒤로 몸쓰기

목적 발을 뒤로 빼고 몸의 방향을 90도 바꾼다. 왼발을 뒤로 빼면 왼쪽 뒤로 몸쓰기가 되고, 오른발을 뒤로 빼면 오른쪽 뒤로 몸쓰기가 된다.

1. 왼발을 뒤로 빼는 왼쪽 뒤로 몸쓰기를 소개한다.
2. 왼발을 뒤로 뺀다. (이때 왼발의 발끝은 왼쪽을 향한다.)
3. 몸의 방향을 바꾼다(처음 자세에서 90도 바뀐다).

POINT 몸쓰기를 할 때는 늘 안정된 자세를 유지하는 것이 중요하다. 발은 매트를 쓸 듯이 움직인다.
뒤로 몸쓰기에서는 몸을 돌리고 싶은 방향(왼발을 뒤로 빼면 90도 왼쪽으로 바뀜)으로 발끝이 향하도록 하는 것이 핵심이다. 이는 앞으로 몸쓰기에서 발을 앞으로 내밀 때도 마찬가지다.

맞잡기 · 기울이기 · 몸쓰기 …… 몸쓰기 기본

메뉴 010 앞으로 회전 몸쓰기

 목적 ▶ 발을 앞으로 내밀고 몸의 방향을 180도 바꾼다. 오른발을 내밀면 오른쪽 앞으로 회전 몸쓰기가 되고, 왼발을 내밀면 왼쪽 앞으로 회전 몸쓰기가 된다.

1 오른쪽 앞으로 회전 몸쓰기를 익혀보자.

발끝은 45도 각도로
2 오른발의 발끝을 비스듬히 앞으로 향하면서 내민다.

3 오른발을 축으로 삼아 왼발을 뒤로 빼서 180도 회전한다.

POINT 앞으로 몸쓰기에서는 몸의 방향을 90도 바꾸었지만, 앞으로 회전 몸쓰기에서는 몸의 방향을 180도 바꾼다. 상대방에게 등을 돌리고 실시하는 업어치기(64쪽) 등의 기술에서 사용하는 몸쓰기다. 뒤로 뺀 발의 위치는 앞으로 내민 발과 평행이 되어야 한다.

맞잡기 · 기울이기 · 몸쓰기 …… 몸쓰기 기본

메뉴 011 뒤로 회전 몸쓰기

 목적 ▶ 발을 뒤로 빼고 몸의 방향을 180도 바꾼다. 오른발을 뒤로 빼면 오른쪽 뒤로 회전 몸쓰기가 되고, 왼발을 뒤로 빼면 왼쪽 뒤로 회전 몸쓰기가 된다.

1 오른쪽 뒤로 회전 몸쓰기를 익혀보자.

오른발을 뒤로 뺀다.
2 오른발을 뒤로 뺀다.

3 오른발을 축으로 삼아 왼발을 끌어당겨 180도 회전한다.

POINT 한쪽 발을 뒤로 빼고 몸의 방향을 180도 바꾸는 것이 뒤로 회전 몸쓰기다. 선수의 취향에 따라 다르겠지만, 일반적으로 앞으로 회전 몸쓰기보다 뒤로 회전 몸쓰기가 기술을 걸기 쉽다. 따라서 초보자는 뒤로 회전 몸쓰기부터 익히는 것이 좋다.

맞잡기 · 기울이기 · 몸쓰기 …… 몸쓰기   기본

맞잡기 상태에서 앞으로 회전 몸쓰기

목적 실제로 상대와 맞잡은 상태에서 발을 앞으로 내밀고 180도 회전하는 기술을 익힌다.

오른쪽 앞으로 회전 몸쓰기   왼쪽 앞으로 회전 몸쓰기

▌오른쪽 바로 맞잡기를 한다.   ▌왼쪽 바로 맞잡기를 한다.

▌오른발을 앞으로 내민다.   ▌왼발을 앞으로 내민다.

기술을 걸기 직전까지 실시한다. (사진은 허벅다리걸기)

왼발을 뒤로 뺀다.   오른발을 뒤로 뺀다.

▌오른발을 축으로 삼아 180도 회전한다.   ▌왼발을 축으로 삼아 180도 회전한다.

순서

① 상대와 맞잡는다. ② 한쪽 발을 앞으로 내밀고, 그 발을 축으로 삼아 180도 회전한다. ③ 기술을 걸기 직전까지 실시한 후, 원래의 맞잡기 자세로 돌아온다(기술은 자유롭게 선택한다).

 POINT 상대와 맞잡아보면 제대로 회전할 수 있는 적당한 거리를 알게 된다. 시합이라고 생각하고, 실제로 메치기 기술에 들어가는 듯한 느낌을 익히는 것이 중요하다.

 맞잡기 · 기울이기 · 몸쓰기 …… 몸쓰기   기본

메뉴 013 맞잡기 상황에서 뒤로 회전 몸쓰기

목적 실제로 상대방과 맞잡은 상태에서 발을 뒤로 빼고 180도 회전하는 기술을 익힌다.

오른쪽 뒤로 회전 몸쓰기 (왼쪽 바로 맞잡기에서)

▎ 1. 왼쪽 바로 맞잡기를 한다.

▎ 2. 오른발을 뒤로 뺀다.

기술을 걸기 직전까지 실시한다. (사진은 한팔업어치기)
왼발을 끌어당긴다.
▎ 3. 오른발을 축으로 삼아 180도 회전한다.

왼쪽 뒤로 회전 몸쓰기 (오른쪽 바로 맞잡기에서)

▎ 1. 오른쪽 바로 맞잡기를 한다.

▎ 2. 왼발을 뒤로 뺀다.

기술을 걸기 직전까지 실시한다. (사진은 한팔업어치기)
오른발을 끌어당긴다.
▎ 3. 왼발을 축으로 삼아 180도 회전한다.

순서
① 상대와 맞잡는다. ② 한쪽 발을 뒤로 빼고, 그 발을 축으로 삼아 180도 회전한다. ③ 기술을 걸기 직전까지 실시한 후, 원래의 맞잡기 자세로 돌아온다.

 POINT 오른쪽 뒤로 회전 몸쓰기의 왼발(왼쪽 뒤로 회전 몸쓰기에서는 오른발)은 몸의 회전과 함께 자연스럽게 끌어당긴다.

제3장

낙법

DEFENSIVE POSITION

낙법은 가장 우선적으로 익혀야 할 기술로
'낙법은 유도 실력 향상의 첫걸음'이라고 말할 만큼 중요하다.
낙법을 연마함으로써 자신의 몸을 지키는 것은 물론
메쳐졌을 때의 아픔을 앎으로써 상대방을 존중하는 정신도 기를 수 있다.

낙법 …… 유도를 이해하기 위해

낙법의 기초 지식

▶▶▶ 낙법이란?

유도를 배울 때는 예법이나 몸쓰기와 함께 낙법을 가장 먼저 익히게 된다. '낙법은 유도 실력 향상의 첫걸음'이라는 말이 있을 만큼, 기본적이면서도 핵심적인 유도 기초 기술이다.

낙법의 목적은 공방을 벌이다가 상대방에 의해 메쳐졌을 때 머리를 비롯한 신체의 충격을 완화하여 자신의 몸을 보호하는 데 있다. 그리고 메쳐졌을 때의 아픔을 직접 경험해본다는 점에서도 의미가 있다.

▶▶▶ 낙법의 종류

낙법은 크게 네 종류가 있다. 모든 낙법의 기본은 턱을 당기고 팔이나 다리 전체로 매트를 쳐서 충격을 분산시키는 것이다. 매트를 칠 때는 '강하고, 빠르고, 정확하게' 칠 수 있어야 한다.

낙법의 종류

❶ 후방 낙법
뒤로 쓰러지는 가장 기본적인 낙법이다.

❷ 측방 낙법
옆으로 쓰러질 때 몸을 보호하기 위한 낙법이다.

❸ 전방 낙법
앞으로 쓰러질 때 실시하는 낙법으로, 메치기 기술을 걸다가 실패했을 때 필요하다.

❹ 전방 회전 낙법
주로 메치기 기술을 당했을 때 필요한 낙법이다.

▶▶▶ 낙법을 익히는 법

초보자는 낙법 훈련을 하기 전에 몸을 둥글게 말고 앞뒤로 흔들면서 낙법과 비슷한 움직임을 연습해보는 것도 좋다. 이는 공포심을 없애고 부상을 방지하는 데도 도움이 된다.

뒷머리에 충격이 가해지면 안 된다는 점을 확실히 인지하기 위해 처음에는 후방 낙법부터 연습하는 것이 기본이다. 누운 상태에서 후방 낙법, 쭈그려 앉은 상태에서 후방 낙법, 누운 상태에서 측방 낙법, 양 무릎을 꿇은 상태에서 전방 낙법 등 난이도가 낮은 것부터 단계적으로 실시하면 좋다.

지도자의 입장에서 신경 써야 할 부분은, 혼자 훈련하면 연습이 단조로워질 수 있고 의욕도 떨어진다는 점이다. 유도는 상대방이 있어야 비로소 성립한다. 따라서 초기 단계부터 두 사람씩 조를 이루어 훈련하는 것이 좋다.

낙법 연습의 기준
1. 혼자보다는 둘이 함께 연습한다.
2. 낮은 자세 → 높은 자세로 발전시킨다.
3. 제자리 연습 → 이동 연습으로 발전시킨다.
4. 단순한 상황 → 시합과 유사한 다양한 상황으로 발전시킨다.
5. 부분적 연습 → 종합적 연습으로 발전시킨다.

몸을 둥글게 말고 앞뒤로 흔들면서 낙법과 비슷한 움직임을 연습해본다.

▶▶▶ 낙법 연습의 수준

낙법은 유도의 기본이며, 상급자가 되기 위해서도 결코 소홀히 할 수 없는 부분이다. 실력이 향상될수록 상대의 수준 또한 높아질뿐더러 강하고 빠른 기술이나 예측하기 어려운 연결 기술에 당할 수도 있기 때문이다. 따라서 수준에 맞는 꾸준한 훈련이 필수이며, 다음과 같은 단계를 생각해볼 수 있다.

낙법의 단계
1. 혼자서 낙법을 칠 수 있다.
2. 상대에게 압력을 받아도 혼자서 낙법을 칠 수 있다.
3. 상대에게 메쳐졌을 때 낙법을 칠 수 있다.
4. 연결 기술을 당했을 때 낙법을 칠 수 있다.
5. 기술을 걸다가 되치기를 당했을 때 낙법을 칠 수 있다.

상대에게 메쳐졌을 때 낙법을 칠 수 있을 정도가 되어야 비로소 메치기 연습을 시작할 수 있다.

낙법 …… 후방 낙법   기본 응용 연결기술

누운 상태에서 후방 낙법

 누운 상태에서 양팔로 매트를 친다.
메쳐졌을 때 몸을 보호하는 방법을 익힌다.

■ 몸에 힘을 빼고 눕는다.
머리를 매트에 댄 상태로 시작한다.

1

■ 천장을 향해 양팔을 올린다.

감각을 익히기 위해 팔을 교차시켜도 된다.

2

■ 팔 전체로 매트를 친다.
동시에 턱을 당기고 머리를 든다.

시선은 띠의 매듭 근처를 향한다.

팔 전체가 매트에 닿도록 한다.
손바닥이나 팔꿈치가 먼저 닿으면 안 된다.

3

매트를 칠 때의 팔의 위치는 몸통을 기준으로 약 30~45도 벌어진 위치.

순서

① 똑바로 눕는다.
② 천장을 향해 양팔을 올린다.
③ 매트를 치는 동시에 머리를 든다.

 POINT 가장 기본적인 낙법 연습이다. 중요한 것은 팔 전체로 매트를 치는 동시에 머리를 들어야 한다는 점이다.

낙법 …… 후방 낙법   기본

메뉴 015 쭈그려 앉은 상태에서 후방 낙법

목적 쭈그려 앉은 상태에서 천천히 뒤로 쓰러진다.
메쳐졌을 때 몸을 보호하는 방법을 익힌다.

순서
① 쭈그려 앉은 자세에서 양손을 쭉 뻗는다.
② 엉덩이부터 천천히 뒤로 쓰러진다.
③ 등 윗부분이 매트에 닿기 직전에 매트를 친다.

1 쭈그려 앉아 팔을 앞으로 쭉 편다.
2 엉덩이부터 천천히 뒤로 쓰러지면서 매트를 친다.

팔은 매트와 수평으로
시선은 띠의 매듭 근처로. 머리는 절대 매트에 닿지 않도록 한다.
팔 전체로 매트를 친다.

POINT 엉덩이를 천천히 내리고 등을 둥글게 말면서 쓰러진다. 팔은 되도록 크게 휘두른다.

낙법 …… 후방 낙법   기본

메뉴 016 선 상태에서 후방 낙법

목적 천천히 허리를 낮추고 뒤로 쓰러진다.
선 상태에서 메쳐졌을 때 몸을 보호하는 방법을 익힌다.

순서
① 똑바로 선다.
② 양손을 앞으로 내밀고, 양 무릎을 굽혀 허리를 서서히 낮춘다.
③ 쭈그려 앉은 후 엉덩이부터 천천히 뒤로 쓰러진다.
④ 등 윗부분이 매트에 닿기 직전에 매트를 친다.

1 선 상태에서 양팔을 앞으로 뻗는다.
2 양 무릎을 굽히고 쭈그려 앉는다.
3 등 윗부분이 매트에 닿기 직전에 매트를 친다.

팔은 어깨 높이로
턱을 당기고 머리를 드는 것은 메뉴 015와 동일하다.

POINT 쭈그려 앉은 후에는 등을 둥글게 말고, 등 윗부분이 매트에 닿기 직전에 매트를 친다.

낙법 …… 후방 낙법　　　　　기본

메뉴 017 한쪽 다리로 선 상태에서 후방 낙법

목적 밭다리후리기(104쪽)를 당한 경우처럼 한쪽 다리로 선 상태에서 메쳐졌을 때 몸을 보호하는 방법을 익힌다.

순서
① 똑바로 선 상태에서 양손을 앞으로 뻗고 한쪽 다리를 올린다.
② 서 있는 나리의 무릎을 굽혀서 몸을 낮춘다.
③ 뒤로 쓰러지다가 등 윗부분이 매트에 닿기 직전에 매트를 친다.

1 양손을 앞으로 뻗고 한쪽 다리를 올린다.

2 서 있는 다리의 무릎을 굽혀 무게중심을 낮춘다. (팔은 매트와 수평으로)

3 등 윗부분이 매트에 닿기 직전에 매트를 친다.

POINT 시합에서 활용할 수 있는 후방 낙법이다. 엉덩이(또는 엉덩이 부근)부터 매트에 착지하고 등 윗부분이 매트에 닿기 직전에 매트를 친다.

낙법 …… 후방 낙법　　　　　기본

메뉴 018 엎드려 누운 상대 위에서 후방 낙법

목적 약간 높은 위치에서 메쳐졌을 때 몸을 보호하는 방법을 익힌다.

순서
① 엎드린 연습 상대의 등에 앉는다.
② 팔을 앞으로 뻗고 엉덩이를 조금씩 뒤로 뺀다.
③ 엉덩이부터 매트에 닿는다. 등 윗부분이 매트에 닿기 직전에 매트를 친다.

1 엎드린 상대의 등에 앉아서 엉덩이를 조금씩 뒤로 뺀다. (엉덩이를 조금씩 뒤로 뺀다.)

2 엉덩이부터 착지하고, 등 윗부분이 매트에 닿기 직전에 매트를 친다. (턱을 당긴다.)

POINT 연습 상대와 함께할 수 있는 훈련이다. 핵심은 엉덩이부터 서서히 착지하는 것이다.

낙법 …… 후방 낙법

메뉴 019
무릎 꿇고 엎드린 상대 위에서 후방 낙법

기본

목적 메뉴 018의 발전형이다.
더욱 높은 위치에서 뒤로 메쳐졌을 때를 대비한다.

순서
① 무릎 꿇고 엎드린 연습 상대의 등에 앉는다.
② 팔을 앞으로 뻗고 엉덩이를 조금씩 뒤로 뺀다.
③ 엉덩이부터 매트에 닿는다. 등 윗부분이 매트에 닿기 직전에 매트를 친다.

엉덩이를 조금씩 뒤로 뺀다.

턱을 당긴다.

1 무릎 꿇고 엎드린 상대의 등에 앉아서 엉덩이를 뒤로 조금씩 뺀다.

2 엉덩이부터 착지하고, 등 윗부분이 매트에 닿기 직전에 매트를 친다.

POINT 이 메뉴에서도 엉덩이를 조금씩 뒤로 빼다가 쓰러질 때는 엉덩이부터 떨어진다.

낙법 …… 후방 낙법

메뉴 020
손바닥 밀기

기본

목적 불안정한 자세에서 뒤로 넘어졌을 때 몸을 보호하는 방법을 익힌다. 둘이서 번갈아 실시하면 효율적으로 연습할 수 있다.

순서
① 쭈그려 앉아 마주 본다.
② 한 사람이 손바닥을 밀면, 다른 한 사람이 후방 낙법을 친다. 이를 번갈아 실시한다.

1 쭈그려 앉아 마주 본다.

2 한 사람이 손바닥을 밀면, 다른 한 사람이 후방 낙법을 친다.

POINT 손바닥에 밀려 쓰러지면서 후방 낙법을 실시한다. 낙법의 방법은 앞선 훈련 메뉴와 동일하다. 서서 실시할 수도 있다.

47

낙법 …… 측방 낙법 | 기본

누운 상태에서 측방 낙법

누운 상태에서 한쪽 팔과 한쪽 다리로 매트를 친다.
옆으로 메쳐셨을 때 몸을 보호하는 방법을 익힌다.

누운 상태에서 양팔과 양다리를 올린다. 양 무릎은 구부린다.

손바닥이 다리 쪽을 향하게 한다.

1

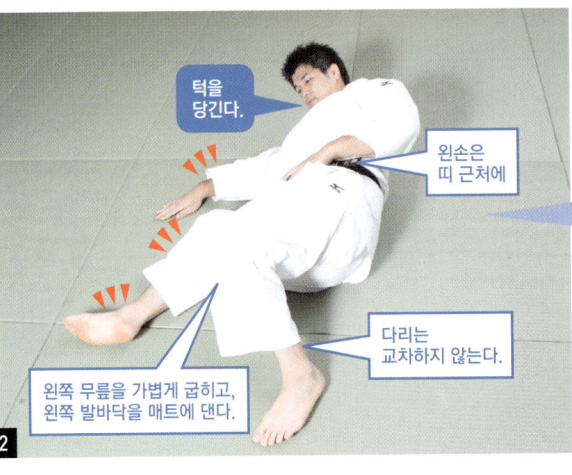

오른쪽으로 쓰러지면서 오른팔 전체와 오른쪽 다리 측면으로 매트를 친다.

턱을 당긴다.

왼손은 띠 근처에

다리는 교차하지 않는다.

왼쪽 무릎을 가볍게 굽히고, 왼쪽 발바닥을 매트에 댄다.

매트를 치는 팔의 위치는 몸과 45도가량 벌어진 위치.

2

순서

① 똑바로 눕고, 양쪽 팔다리를 천장으로 뻗는다.
② 오른쪽으로 쓰러지면서 오른팔 전체와 오른쪽 다리의 측면으로 매트를 친다. 동시에 턱을 당긴다.
③ 처음 자세로 되돌아간 후, 반대쪽으로 실시한다.

POINT 업어치기(64쪽)를 비롯해, 메쳐졌을 때 옆으로 떨어지게 되는 기술이 많다. 측방 낙법은 그 같은 기술에 대비해 몸을 보호하는 방법이다. 등을 둥글게 말아서 머리가 매트에 부딪히지 않도록 하는 것은 후방 낙법과 같다. 다만 측방 낙법에서는 넘어지는 쪽의 팔과 다리로 매트를 친다. 이때 팔 전체로 쳐야 한다는 것을 유념한다.

낙법 …… 측방 낙법   기본

쭈그려 앉은 상태에서 측방 낙법

균형을 잡기 어려운 자세에서 옆으로 메쳐졌을 때 몸을 보호하는 방법을 익힌다.

1 쭈그려 앉아 자세를 취한다.

2 왼손과 왼발을 오른쪽 대각선 앞으로 뻗으면서 몸의 방향을 바꾼다.

오른발을 축으로 삼아 왼발을 스치듯이 이동한다.

3 천천히 왼쪽으로 쓰러진다.

엉덩이부터 매트에 댄다.

4 등이 매트에 닿는 순간 왼팔로 매트를 친다.

턱을 당겨서 머리가 매트에 닿지 않도록 한다.

순서

① 쭈그려 앉는 자세를 취한다.
② 오른발을 축으로 삼아 왼손과 왼발을 비스듬히 오른쪽 앞(1~2시 방향)으로 뻗으면서 몸의 방향을 바꾼다.
③ 엉덩이부터 매트에 닿도록 왼쪽으로 쓰러진다.
④ 등이 매트에 닿는 순간 왼팔로 매트를 친다. 반대쪽도 동일하게 실시한다.

POINT 균형 잡기 어려운 자세에서 실시하는 측방 낙법 연습이다. 메뉴 021보다 난이도가 약간 높다. 쓰러지는 방향의 반대쪽으로 비스듬히 왼팔을 뻗어 몸의 방향을 바꾼다. 이때의 방향은 처음 자세를 기준으로 45도가량 돌아가게 한다.

낙법 …… 측방 낙법   기본

선 상태에서 측방 낙법

목적 좀 더 실전에 가까운 훈련이다.
선 상태에서 옆으로 메쳐졌을 때 몸을 보호하는 방법을 익힌다.

몸의 방향은 처음 자세를 기준으로 약 90도 회전

오른발을 축으로 삼아 왼발을 스치듯이 이동한다.

1 자연체(28쪽)로 선다.

2 왼쪽 팔과 다리를 오른쪽을 향해 뻗는다.

팔을 든 상태로

턱을 당겨서 머리가 매트에 닿지 않도록 한다.

엉덩이부터 매트에 닿는다.

3 오른쪽 무릎을 굽혀 자세를 낮추면서 그대로 천천히 쓰러진다.

4 등이 매트에 닿는 순간 왼팔로 매트를 친다.

순서

① 자연체로 선다.
② 오른발을 축으로 삼아 왼손과 왼발을 오른쪽으로 내밀면서 몸의 방향을 바꾼다.
③ 팔과 다리를 뻗은 자세 그대로 오른쪽 무릎을 굽혀 쭈그려 앉으면서 그대로 쓰러진다.
④ 등이 매트에 닿는 순간 왼팔로 매트를 친다.

POINT 처음에는 어렵게 느껴질 테지만, 익숙해질 때까지 꾸준히 연습하자. 중간에 동작을 멈추지 말고 일련의 흐름으로 이어간다. 또한 모두걸기(112쪽)를 당했을 때는 매트를 치는 팔이 반대가 되므로(왼쪽으로 쓰러져도 오른팔로 매트를 친다.) 그 같은 형태도 연습해둘 필요가 있다.

낙법 ······ 측방 낙법   기본

메뉴 024 뒤집혀질 때의 측방 낙법

목적 둘이서 실시하는 측방 낙법 연습이다.
옆으로 굴러 떨어졌을 때 몸을 보호하는 방법을 익힌다.

1 선수가 무릎 꿇고 엎드리고, 연습 상대는 그 옆에 선다.

2 상대는 선수의 오른쪽 팔꿈치와 오른쪽 허벅지 안쪽을 잡는다.

천천히 뒤집는다.

3 선수를 뒤집는다.

뒤집은 뒤에도 손을 놓지 않는다.

4 선수는 등이 매트에 닿는 순간 왼팔로 매트를 친다.

순서

① 선수는 무릎을 꿇고 엎드리고, 연습 상대가 그 옆에 선다.
② 상대는 선수의 오른쪽 팔꿈치와 오른쪽 허벅지 안쪽을 잡고 뒤집는다.
③ 선수는 뒤집히면서 등이 매트에 닿는 순간 매트를 친다. 반대쪽도 동일하게 실시한다.

POINT 두 사람이 짝을 이뤄 실시하는 연습이다. 한 선수가 몇 번 연습하고 나면 역할을 바꾼다. 선수가 측방 낙법의 감각을 확실히 몸에 익힐 수 있도록 상대가 끝까지 유도복을 손에서 놓지 않는 것이 이 연습의 핵심이다. 이는 선수의 부상을 방지하는 데도 도움이 된다.

낙법 …… 측방 낙법　　　기본

025 뛰어넘으며 측방 낙법

목적 ▶ 무릎 꿇고 엎드린 상대의 띠를 잡고 회전하면서 뛰어넘는다.
옆으로 메쳐졌을 때 몸을 보호하는 방법을 익힌다.

1　무릎 꿇고 엎드린 상대의 옆에 선다.

손목부터 팔꿈치까지 상대의 등에 딱 붙인다.

2　오른쪽 무릎을 꿇고 오른손으로 상대의 뒤쪽 띠를 잡는다.

오른팔을 받침점으로 삼아 회전한다.

3　띠를 잡은 상태로 회전하며 뛰어넘는다.

띠를 끝까지 잡는다.

4　등이 매트에 닿는 순간 왼팔로 매트를 친다.

순서

① 엎드린 상대의 옆에 선다.
② 오른쪽 무릎을 꿇고 오른손으로 상대의 뒤쪽 띠를 잡는다.
③ 띠를 잡은 오른팔을 받침점으로 삼아 회전하며 뛰어넘는다.
④ 등이 매트에 닿는 순간 왼팔로 매트를 친다. 반대쪽도 동일하게 실시한다.

 POINT 　좀 더 난이도가 있는 측방 낙법 연습으로, 메쳐졌을 때 공중에 떠오르는 감각을 체감할 수 있다. 공포심을 극복하는 데도 도움이 된다. 연습하는 선수는 상대의 띠를 단단히 잡고 손목부터 팔꿈치까지 상대의 등에 밀착시켜 회전할 때 받침점으로 삼는다.

낙법 …… 측방 낙법　　기본

026 메치기를 당했을 때의 측방 낙법 ①

목적　한쪽 무릎을 꿇은 상태에서 메치기를 당한다.
실제 메치기를 당했을 때 몸을 보호하는 방법을 익힌다.

1　오른쪽 무릎을 꿇은 상태에서 상대와 맞잡는다.

상대는 선수를 비틀면서 자세를 무너뜨린다.

왼발로 선수의 무릎을 건다.

2　선수는 오른쪽으로 쓰러진다.

3　그대로 천천히 쓰러진다.

서로 손을 놓지 않는다.

4　등이 매트에 닿는 순간
왼팔과 왼쪽 다리로 매트를 친다.

순서

① 선수는 오른쪽 무릎을 꿇고 상대와 맞잡는다.
② 상대는 왼발을 선수의 오른쪽 무릎 근처에 대고 선수를 비틀어 쓰러뜨린다.
③ 선수는 몸을 굴리면서, 등이 매트에 닿는 순간 왼팔과 왼쪽 다리로 매트를 친다. 반대쪽도 동일하게 실시한다.

POINT　상대로부터 기술이 걸리므로 실제 시합과 비슷한 상황을 설정해 낙법을 연습할 수 있다. 일단 실제 메치기에 대비한 낙법의 감각을 익히기 위해 무릎을 꿇은 상태에서 실시한다. 기술이 걸렸을 때 선수는 상대의 소매를 잡은 오른손을 끝까지 놓지 않는다. 상대도 선수의 소매를 끝까지 놓지 말고 확실히 보조해주어야 한다.

낙법 …… 측방 낙법　　　　기본

메치기를 당했을 때의 측방 낙법 ②

목적　쭈그려 앉은 상태에서 메치기를 당한다.
실제 메치기를 당했을 때 몸을 보호하는 방법을 익힌다.

1　쭈그려 앉은 상태에서 상대와 맞잡는다.

2　상대는 오른발을 걸어 선수를 뒤로 밀어뜨린다.

3　그대로 천천히 쓰러진다.

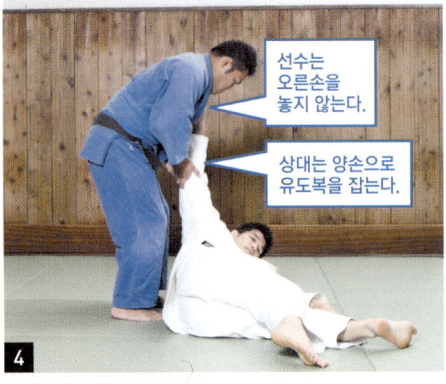

4　등이 매트에 닿는 순간
왼팔과 왼쪽 다리로 매트를 친다.

선수는 오른손을 놓지 않는다.

상대는 양손으로 유도복을 잡는다.

순서

① 선수는 쭈그려 앉은 상태에서, 상대와 맞잡는다.
② 상대는 오른발로 선수의 오른발 뒤꿈치 부근을 걸어 선수를 밀어 쓰러뜨린다.
③ 선수는 천천히 쓰러지면서, 등이 매트에 닿는 순간 왼팔과 왼쪽 다리로 매트를 친다. 반대쪽도 동일하게 실시한다.

POINT　메뉴 026에서 무릎을 꿇은 자세에서 메치기에 대비한 낙법 연습을 했는데, 여기에서는 난이도를 약간 높여 쭈그려 앉은 상태에서 실시한다. 측방 낙법 연습이므로 회전하듯이 뒤로 쓰러지면서 왼팔과 왼쪽 다리로 매트를 친다.

낙법 …… 측방 낙법　　　　　　　　기본

메뉴 028 메치기를 당했을 때의 측방 낙법 ③

목적　선 상태에서 메치기를 당한다.
실제 시합과 비슷한 상황에서 몸을 보호하는 방법을 익힌다.

1 ▎바로 맞잡기를 한다.

발을 뒤로 후리지 말고 가만히 걸기만 한다.

2 ▎상대가 오른발로 선수의 오른발을 걸어 밀어뜨린다.

3 ▎그대로 천천히 쓰러진다.

서로의 손을 놓지 않는다.

4 ▎등이 매트에 닿는 순간 왼팔과 왼쪽 다리로 매트를 친다.

순서

① 선수와 상대는 바로 맞잡기를 한다.
② 상대는 왼발을 디딘 후, 오른발로 선수의 뒤꿈치를 걸어 밀어뜨린다.
③ 선수는 천천히 쓰러지면서, 등이 매트에 닿는 순간 왼팔과 왼쪽 다리로 매트를 친다.

POINT　실제 시합처럼 서로 서 있는 상태에서 실시하는 낙법 연습이다. 여기에서는 밭다리후리기(104쪽)를 당했을 때 쓰러지는 방법을 소개한다. 몸을 옆으로 회전시키다가 마지막에는 왼팔과 왼쪽 다리로 확실히 매트를 친다.

낙법 …… 전방 낙법 기본

양 무릎을 꿇은 상태에서 전방 낙법

목적 ▶ 기술을 걸다가 되치기를 당했을 때 몸을 보호하는 방법을 낮은 위치에서 연습한다.

무릎을 꿇고 얼굴 앞에서 양손을 팔자(八) 모양으로 만든다.

양손의 간격은 자신의 얼굴이 딱 들어갈 만큼.

1

앞으로 쓰러진다.

손은 팔자를 유지한다.

2

팔 전체로 착지한다. 턱을 당기고 얼굴이 매트에 닿지 않도록 한다.

등은 쭉 펴고, 무릎과 배는 매트에 붙이지 않는다.

앞 발끝을 세운다.

배와 무릎이 매트에 닿으면 안 된다. 매트에 닿았을 때 아래팔로 몸을 받친다.

3

순서

① 무릎을 꿇고 얼굴 앞에서 양손을 팔자 모양으로 만든다.
② 그대로 앞으로 쓰러지고 양팔로 착지한다.

POINT 전방 낙법은 주로 상대에게 기술을 걸다가 되치기를 당했을 때 사용한다. 앞으로 쓰러지는 데 익숙해지기 위해 처음에는 낮은 위치에서 실시한다.

낙법 …… 전방 낙법 | 기본

선 상태에서 전방 낙법

목적: 선 상태에서 앞으로 쓰러짐으로써, 기술을 걸다가 되치기를 당했을 때 몸을 보호하는 방법을 익힌다.

자연체로 서고, 얼굴 앞에서 양손을 팔자 모양으로 만든다.

양손의 간격은 자신의 얼굴이 딱 들어갈 만큼.

허리를 약간 뒤로 뺀다.

허리를 약간 뒤로 빼서 앞으로 숙이듯이 쓰러진다. 배가 매트에 부딪히지 않는 것이 중요하므로, 몸을 무리하게 펴지 않는다.

턱을 당기고, 얼굴이 매트에 닿지 않도록 한다.

그대로 앞으로 쓰러지고 양팔로 착지한다. 손바닥만으로 착지하면 손목을 다칠 수 있다. 앞 발끝은 세우고, 배와 무릎은 매트에 닿지 않도록 한다.

순서

① 자연체로 서고, 양손을 팔자 모양으로 만든다.
② 메뉴 029와 마찬가지로 양손으로 만든 팔자 모양을 끝까지 유지하면서 팔 전체로 착지한다.

POINT: 쓰러질 때 허리를 약간 뒤로 빼서 앞으로 숙이는 자세를 취한다. 처음에는 매트리스를 이용해 실시하는 것도 좋다.

낙법 …… 전방 회전 낙법

기본

메뉴 031
한쪽 무릎을 꿇은 상태에서 전방 회전 낙법

 **목적** 턱을 당기고 구르는 방법을 익혀서, 앞으로 크게 메쳐졌을 때 몸을 보호하는 방법을 익힌다.

약간 오른쪽 대각선 앞으로 몸을 향하며 회전한다.

1 ▌오른쪽 무릎을 꿇고 앉는다.

2 ▌턱을 당기고 왼쪽 어깨를 매트에 댄다.

3 ▌그대로 천천히 앞으로 구른다.

4 ▌등이 매트에 닿는 순간 오른팔과 오른쪽 다리로 매트를 친다.

순서

① 오른쪽 무릎을 꿇고 앉는다.
② 턱을 당기고 왼쪽 어깨부터 매트에 대면서 앞으로 구른다.
③ 등이 매트에 닿는 순간 오른팔과 오른쪽 다리로 매트를 친다. 반대쪽도 동일하게 실시한다.

 POINT 전방 회전 낙법의 감각을 기르기 위해 한쪽 무릎을 꿇은 낮은 자세에서 실시한다. 몸을 굴릴 때 턱 당기는 것이 핵심이다.

보조자가 뒷머리를 가볍게 눌러 주면 턱을 당기는 연습이 된다.

낙법 …… 전방 회전 낙법　　　　　기본

선 상태에서 전방 회전 낙법

목적 ▶ 선 상태에서 앞으로 크게 메쳐졌을 때 몸을 보호하는 방법을 익힌다.

1 자연본체가 기본자세다.

왼손은 새끼손가락을 붙이고, 오른손은 살짝 갖다 대기만 한다.

오른손은 매트에 살짝 갖다 댄다.

2 왼발을 반걸음 앞으로 내밀고 왼손 새끼손가락을 매트에 붙인다.

등을 최대한 둥글게 만다.

턱을 당기고 구른다.

3 왼쪽 무릎, 왼쪽 어깨 순으로 매트에 대면서 구른다.

구르는 힘이 강하면 그 힘을 살려 그대로 일어선다.

4 등이 매트에 닿는 순간 오른팔과 오른쪽 다리로 매트를 친다.

순서

① 자연본체에서 왼발을 한 걸음 앞으로 내밀고, 왼손 새끼손가락을 매트에 붙인다.

② 팔꿈치, 어깨 순으로 매트에 닿도록 구른다.

③ 등이 매트에 닿는 순간, 오른팔과 오른쪽 다리로 매트를 친다. 반대쪽도 동일하게 실시한다.

POINT 회전할 때는 손끝→손→팔→어깨→등→허리의 순으로 매트에 닿도록 한다. 몸으로 원을 그리듯이 실시하는데, 턱을 당겨서 머리를 안쪽으로 넣는 것이 핵심이다. 그래야 원활하게 회전할 수 있다. 반대로 턱을 당기지 않으면 부상을 입을 수 있다.

낙법 ······ 전방 회전 낙법   기본

대자로 누운 상대를 뛰어넘는 전방 회전 낙법

목적 대자로 누운 상대를 이용해 여러 가지 자세에서 앞으로 메쳐졌을 때 몸을 보호하는 방법을 익힌다.

1. 대자로 누운 상대의 다리 사이에 선다.

2. 상대의 옆구리 부근으로 왼발을 내민다.

오른손은 상대의 오른쪽 어깨 부근에 가볍게 댄다.

3. 상대의 오른쪽 팔꿈치 근처에 왼손을 붙인다.

오른팔과 오른쪽 다리로 매트를 친다.

4. 앞으로 구르다가 등이 매트에 닿는 순간 매트를 친다.

순서

① 대자로 누운 상대의 다리 사이에 선다.
② 상대의 옆구리 부근으로 왼발을 내민다.
③ 상대의 오른쪽 팔꿈치 부근에 왼손을 붙이고 회전한다.
④ 등이 매트에 닿는 순간, 오른팔과 오른쪽 다리로 매트를 친다. 반대쪽도 동일하게 실시한다.

POINT 대자로 누운 상대를 이용해 매트에 닿는 손과 발의 위치를 한정함으로써 전방 회전 낙법의 정밀도를 높이는 연습이다. 무릎 꿇고 엎드린 상대를 뛰어넘으며 연습하는 방법도 있다.

제4장

메치기

THROWING TECHNIQUE

상대방을 깨끗하게 메치는 것은 유도의 매력 가운데 하나다.
깔끔한 메치기를 위해서는 상대방의 자세를 확실히 무너뜨리는 것이 중요하다.
상대방을 무너뜨리는 방향이나 주의사항은 기술에 따라 다르므로,
그 점을 잘 인식하면서 연습에 임하는 것이 기술 향상의 지름길이다.

메치기 …… 유도를 이해하기 위해

 # 메치기의 기초 지식

▶▶▶ 메치기란?

메치기는 맞잡기 상태에서 상대를 제어하거나 들어 올려서 던지는 기술이다. 메치기의 핵심은 기술에 따라 적절한 힘으로 적합하게 몸을 움직이는 데 있으며, 상대의 등을 매트에 힘껏 메쳐서 한판을 따내기 위해서는 상당한 '힘과 속도'가 필요하다. 상대를 깔끔히 메치는 것은 유도의 가장 큰 매력이며 즐거움이기도 하다.

▶▶▶ 메치기의 종류

메치기는 기술의 특징에 따라 '손 기술', '허리 기술', '발 기술', '누우며 메치기 기술'로 분류된다. 그리고 '누우며 메치기 기술'은 다시 '바로 누우며 메치기 기술'과 '모로 누우며 메치기 기술'로 나뉜다. 그러나 사실상 어느 한 특정 부위의 힘만으로 상대를 메치기는 어렵다. 예를 들어 손 기술은 자신의 손을 활용해서 상대를 메치는 기술이지만, 손 힘만으로는 제대로 메칠 수 없다. 모든 기술은 몸 전체를 사용해서 상대의 무게중심을 확실히 무너뜨리는 것이 전제되어야 한다.

메치기의 종류

❶ 손 기술
주로 자신의 손힘을 이용해서 메치는 기술

이 책에 실린 손 기술
- 업어치기⇒64쪽
- 한팔업어치기⇒72쪽
- 빗당겨치기⇒76쪽
- 업어떨어뜨리기⇒79쪽
- 허벅다리비껴되치기⇒102쪽
- 어깨로메치기⇒148쪽

❷ 허리 기술
상대방을 허리에 싣는 등 주로 자신의 허리를 이용해서 메치는 기술

이 책에 실린 허리 기술
- 다리들어메치기⇒80쪽
- 소매들어허리채기⇒82쪽
- 허리후리기⇒86쪽
- 허리껴치기⇒90쪽
- 허리채기⇒92쪽

❸ 발 기술
상대방의 발을 거는 등 주로 발의 힘을 이용해서 메치는 기술

이 책에 실린 발 기술
- 허벅다리걸기⇒94쪽
- 밭다리후리기⇒104쪽
- 모두걸기⇒112쪽
- 모두걸기되치기⇒115쪽
- 나오는발차기⇒116쪽
- 안다리후리기⇒118쪽
- 발목받치기⇒124쪽
- 발뒤축후리기⇒126쪽
- 발뒤축걸기⇒129쪽
- 안뒤축후리기⇒130쪽
- 무릎대돌리기⇒134쪽

❹ 누우며 메치기 기술
자신의 몸(제어할 수 있는 상태)을 눕히면서 상대방을 자신의 쪽으로 끌어당기듯이 메치는 기술이다. 자신의 뒤쪽을 향해 똑바로 메치는 '바로 누우며 메치기 기술'과 비스듬히 뒤쪽으로 메치는 '모로 누우며 메치기 기술'이 있다.

이 책에 실린 누우며 메치기 기술
- 허리후리기감아치기⇒89쪽
- 배대뒤치기⇒136쪽
- 안오금띄기⇒140쪽
- 누우면서던지기⇒144쪽
- 모로띄기⇒146쪽

배대뒤치기는 바로 누우며 메치기 기술이다.

▶▶▶ 메치기의 핵심

메치기는 기본적으로 '기울이기', '지웃기', '걸기'의 삼 단계로 이루어진다. '기울이기'는 말 그대로 상대를 기울여 무게중심을 무너뜨리는 것이다. 상대를 메치기 쉬운 상태로 만드는 기술이라고 할 수 있다. '지웃기'는 상대의 무게중심을 무너뜨린 후 메치기 쉽도록 자신의 자세나 상대와의 거리를 조정하는 것이다. 그리고 '걸기'는 순간적으로 최후의 일격을 가하는 것이다. 실제로는 이 세 가지 단계가 연속적으로 이루어지므로 엄밀히 구분하기는 어렵다. 하지만 기술을 정확히 습득하는 데 있어 이러한 단계를 의식하는 것은 중요하며, 이것이 메치기를 잘할 수 있는 비결이기도 하다.

대부분의 메치기 기술에서는 낚음손과 당김손을 최후의 순간까지 놓지 말아야 한다. 그래야만 끝까지 상대를 제어하며 확실한 한판을 따낼 수 있고, 한판이 되지 않더라도 곧바로 누르기로 이행할 수 있다. 그리고 무엇보다 상대가 무방비로 던져져서 부상을 입는 사태를 예방할 수 있다.

▶▶▶ 기술을 익히는 순서

기술을 익힐 때 특별히 정해진 순서는 없지만, 일반적으로는 자신의 자세를 크게 움직이지 않는 '나오는발차기' 등부터 익히는 것이 좋다. 각 기술의 수준은 아래와 같다(단계 ①이 가장 익히기 쉽고, ②→③→④로 갈수록 수준이 높아진다). 각 단계에 따라 기술을 익혀보도록 하자.

기술 수준의 일반적인 분류

- 단계 ❶ 모두걸기, 나오는발차기, 발목받치기, 무릎대돌리기, (어깨누르기, 곁누르기)
- 단계 ❷ 허리껴치기, 허리채기, 밭다리후리기, 안다리후리기, (위누르기, 가로누르기, 세로누르기)
- 단계 ❸ 업어치기, 한팔업어치기, 허리후리기, 허리후리기감아치기, 발뒤축후리기, 안뒤축후리기, (안아조르기)
- 단계 ❹ 빗당겨치기, 다리들어메치기, 소매들어허리채기, 허벅다리걸기, 배대뒤치기, 안오금띄기, 누우면서던지기, 모로띄기, 어깨로메치기, (팔가로누워꺾기, 팔얽어비틀기)

메치기 …… 손 기술

업어치기

오른쪽 바로 맞잡기 자세에서 시작

낚음손의 팔꿈치는 상대의 겨드랑이 아래 또는 가슴에 대고 밀착시켜 접는다.

등을 쭉 펴고 상대의 정면에 선다.

장작을 패듯이 휘두르며 내리친다.

당김손을 끌어올린다.

기울이기의 방향은 상대방의 앞쪽

왼발을 끌어당겨 붙인다.

| 기울이기 | 지읏기 | 걸기 |

1 오른발을 내딛고 상대를 당긴다.

2 180도 회전하며 상대의 앞으로 들어간다. 낚음손(오른손)의 팔꿈치는 확실히 접는다.

3 허리를 비틀어 상대를 업는다.

▶▶ 허리를 비틀어서 속도를 높인다

상대를 자신의 등에 짊어지듯이 메치는 기술이다. 전 세계 유도인들에게 가장 인기 높은 기술 가운데 하나다.

상대를 앞으로 끌어당기고 팔과 다리를 접은 후, 다리의 반동과 몸의 비틀림을 활용해서 상대를 메친다. 상대의 허벅지 사이를 파고드는 낮은 자세에서 메치기 때문에 특히 몸놀림이 가벼운 경·중량급 선수가 사용하기에 적합한 기술이다. 또한 중량급이더라도 비교적 키가 작은 선수에게 유리한 기술이라고 할 수 있다.

이 기술의 핵심은 상대를 확실히 잡아당기고 자신의 몸을 180도 회전시켜서 재빨리 상대의 정면으로 파고드는 것이다. 걸기에서 허리를 비틀어서 속도를 높이는 것도 중요하다.

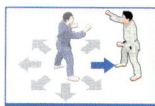

'기울이기'의 방향

허리를 확실히 비틀고
엉덩이를 오른쪽으로 약간 뺀다.

무릎 반동을
이용한다.

4 무릎 반동을 이용해서
상대를 들어 올렸다가 메친다.

5 낚음손과 당김손(왼손)을
끝까지 놓지 않는다.

 POINT 상대를 메칠 때 허리를 비틀면 메치는 속도가 높아진다. 허리를 비틀지 않으면 상대를 짊어지는 자세에서 전방으로 메치는 힘이 부족해지기 때문에 한판으로 연결되기 어렵다. 넘어가는 상대가 옆으로 빠지지 않게 엉덩이를 약간 오른쪽으로 넣는다.

허리를 비틀어서 메치는 속도를 높인다.

65

| 메치기 …… 손 기술 | 기본 |

업어치기의 핵심 ①

목적 180도 회전해서 상대의 정면을 파고든다.
그럼으로써 확실히 메칠 수 있는 위치를 점한다.

1 상대를 끌어당기면서 무게중심을 크게 무너뜨린다.

2 180도 회전해서 상대의 정면을 파고든다.

POINT 업어치기에서는 상대의 정면으로 똑바로 파고드는 것이 중요하다. 회전할 때 몸이 옆으로 굽혀지지 않도록 한다.

허리를 'く' 모양으로 굽히지 않도록 주의한다.

| 메치기 …… 손 기술 | 기본 |

업어치기의 핵심 ②

목적 가슴을 쫙 펴고 상대방과 밀착한 상태로 몸을 구부려서 메친다.

가슴을 쫙 편다.

상대를 짊어질 때는 가슴을 쫙 펴고 상대와 밀착한 후 메친다.

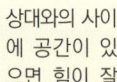

POINT 상대와의 사이에 공간이 있으면 힘이 잘 전달되지 않아 제대로 메칠 수 없다. 반드시 자신의 등과 상대의 배를 밀착시켜야 한다.

허리를 앞으로 숙이지 않는다.

메치기 …… 손 기술   기본

뒤로 회전 몸쓰기 업어치기

목적 왼발을 뒤로 뺀 후 상대를 앞으로 끌어당겨 업어치기 기술을 건다.

1 바로 맞잡기 자세에서 시작한다.
가운뎃깃과 가운데소매를 꽉 잡는다.

2 왼발을 뒤로 빼고
상대를 앞으로 크게 잡아당긴다.

> 왼발을 뒤로 뺀다.

3 오른발을 끌어당기면서 180도 회전하고
상대의 정면으로 들어간다.

> 상대방과 밀착한다.
> 오른발을 끌어당기고 회전한다.

4 허리를 비틀어서
상대를 메친다.

POINT 뒤로 회전 몸쓰기 업어치기는 상대가 앞으로 나오는 타이밍을 노려 그 힘을 이용하는 기술이라고 할 수 있다. 핵심은 자신의 왼발을 뒤로 똑바로 빼는 것이다. 왼발을 자칫 비스듬히 빼면 기울이는 방향이 틀어져서 회전할 때 상대의 정면으로 들어갈 수 없다.

왼발을 뒤로 똑바로 뺀다.

메치기 …… 손 기술 연결기술

메뉴 037 안뒤축후리기 → 업어치기로 연결하기

목적 안뒤축후리기(130쪽)로 상대를 밀어붙였다가 그 반동으로 앞으로 나오는 상대에게 업어치기 기술을 건다.

1 바로 맞잡기 자세에서 가운데깃과 가운데소매를 꽉 잡는다.

2 안뒤축후리기 기술을 건다.

상대와의 사이에 공간을 만든다.

오른발을 크게 내딛는다.

3 오른발을 내디뎌서 상대를 밀어붙인다.

4 상대는 양발로 버티며 방어하게 된다.

POINT '안뒤축후리기 → 업어치기로 연결하기'는 업어치기의 대표적인 연결 기술이다. 안뒤축후리기 기술을 확실히 걸어서 상대의 자세를 뒤로 크게 무너뜨려야 한다. 그리고 상대를 몰아가듯이 크게 앞으로 내디디며 상대의 양발을 활짝 벌린다. 그러면 둘 사이에 공간이 생기는데, 이 공간을 이용해서 업어치기에 들어간다.

안뒤축후리기로 상대의 무게중심을 확실히 무너뜨린다.

5 반동에 의해 상대가 앞으로 나오는 타이밍에 맞춰, 크게 잡아당겨 무게중심을 무너뜨린다.

오른발을 끌어당기면서 회전한다.

6 180도 회전하고 업어치기에 들어간다.

7 허리를 넣어서 상대를 잡아당기듯이 메친다.

8 낚음손(오른손)과 당김손(왼손)을 놓지 않고 끝까지 기술을 건다.

메치기 ······ 손 기술　　　　　　　　　　　　　연결기술

안다리후리기 → 업어치기로 연결하기

목적 ▶ 안다리후리기(118쪽)로 상대를 뒤로 밀었다가 그 반동으로 앞으로 나오는 상대에게 업어치기 기술을 건다.

1 상대의 가운데깃과 가운데소매를 꽉 잡는다.

왼발을 끌어당긴다.
2 왼발을 끌어당겨서 안다리후리기 자세를 취한다.

기울이기의 방향은 상대의 뒤왼모
3 상대의 발을 크게 옆으로 벌리고 자세를 무너뜨린다.

4 상대가 뒤로 물러나는 것을 쫓아가면서 공간을 만든다.

상대가 앞으로 나오는 힘을 이용한다.
5 상대가 반동에 의해 앞으로 나오는 타이밍에 맞춰 업어치기에 들어간다.

6 낚음손과 당김손을 놓지 않고 끝까지 기술을 건다.

POINT 상대의 발을 옆으로 크게 벌린다는 생각으로 안다리후리기 기술을 건다. 그러면 상대의 균형을 무너뜨릴 수 있다. 연결 기술은 자신의 특기를 살릴 수 있는 방법이다. '안뒤축후리기 → 업어치기로 연결하기(68쪽)'와 '안다리후리기 → 업어치기로 연결하기' 중에 자신의 특기를 더 잘 살릴 수 있는 방법을 선택한다.

안다리후리기로 상대의 자세를 무너뜨리는 것이 중요하다.

세계의 기술 — 변칙 업어치기

2000년대 후반 최민호 선수가 국제 대회에서 최초로 사용한 이래, 전 세계로 퍼진 기술이다. 역으로 맞잡기 자세에서 당김손이 잡히지 않아 상대방과 자신의 몸이 떨어져 있는 상태에서, 양손으로 한쪽 깃을 잡고 등에 상대를 올려 떨어뜨리듯이 메친다.

양쪽 깃을 잡고 메치는 기술보다 더욱 실전적인 기술이기 때문에 상급자가 아니면 시도하기 어렵다. 상급자라 하더라도 워낙 예측이 어려운 기술이라서 자칫 상대에게 부상을 입힐 수 있으므로 주의해야 한다. 연습할 때는 상대가 낙법을 잘 칠 수 있도록 깃을 잡은 손을 끝까지 놓지 말아야 한다.

1 역으로 맞잡기 자세에서 당김손(왼손)이 좀처럼 잡히지 않는 상태를 가정한다.

2 당김손으로 낚음손(오른손) 쪽의 깃을 잡는다.

3 왼발을 크게 돌려 중심을 잡고, 낚음손을 말면서 자신의 등에 상대의 등을 올린다.

4 몸을 회전시키면서 상대를 떨어뜨리듯이 메친다.

5

깃을 끝까지 잡는다.

깃을 놓지 않고 끝까지 기술을 건다.

메치기 …… 손 기술

기술 설명

한팔업어치기

- 등을 쭉 펴고 상대의 배와 자신의 등을 밀착시킨다.
- 낚음손을 겨드랑이 깊숙이 끼워서 상대의 겨드랑이와 위팔을 고정시킨다.
- 안전벨트를 채우듯이 당김손을 당긴다.

기울이기의 방향은 상대의 앞쪽

오른발을 내딛는다.

기울이기

지읏기

1 바로 맞잡기 자세에서 가운데깃과 가운데소매를 꽉 잡는다.

2 당김손으로 상대의 낚음손을 들어 올려서 오른쪽 겨드랑이를 크게 벌린다.

3 당김손을 잡으면서 180도 회전한다. 낚음손을 상대의 오른쪽 겨드랑이에 끼운다.

▶▶ 상대의 한쪽 팔을 고정시켜서 짊어지듯이 메치는 기술

한팔업어치기는 한쪽 팔을 감싸고 상대를 짊어지듯이 메치는 기술이다. 당김손(왼손)만 잡고 있는 경우에 자주 사용된다.

기울이는 방향이나 메치는 방향은 업어치기(64쪽)와 동일하다. 경·중량급 선수나 비교적 키가 작은 선수가 장신의 선수와 대결할 때 효과적인 기술이라는 점도 마찬가지다. 다만 한팔업어치기는 팔꿈치를 접지 않는다는 특징이 있다(따라서 팔꿈치에 가해지는 부담이 적다).

기술의 핵심은 재빨리 몸을 회전하면서 상대의 겨드랑이 밑에 낚음손(오른손)을 끼워 상대의 오른팔을 단단히 고정시키는 것이다. 그 후 상대의 배와 자신의 등을 밀착시키고 전방으로 메친다.

'기울이기'의 방향

오른쪽 어깨를 중심으로 메친다.

걷기

| 4 | 상대의 팔을 뽑아내듯이 전방으로 회전시켜 메친다. | 5 | 당김손을 끝까지 놓지 않는다. |

POINT 상대의 팔을 잡을 때 당김손으로 상대의 가운데 소매를 잡는 대신 가운데깃을 잡는 방법도 있다. 초보자는 당김손으로 상대의 낚음손(오른손)을 들어 올리기가 어렵기 때문에 우선 가운데깃을 잡고 연습해보는 것도 좋은 방법이다.

가운데깃을 잡는 것 외에는 일반적인 한팔업어치기와 동일하다.

세계의 기술: 한팔업어치기를 하는 척하며 안뒤축감아치기

안뒤축감아치기는 안뒤축후리기(130쪽)보다 더욱 깊숙이 발을 걸어 쓰러뜨리는 기술이다. 여기에서 소개하는 기술은 2012년 런던 올림픽 유도 73kg급에서 은메달을 획득한 일본의 나카야 리키 선수가 즐겨 사용하는 기술이다. 상대방이 한팔업어치기 기술을 방어하기 위해 무게중심을 뒤로 이동시킬 때 안뒤축감아치기 기술을 건다. 참고로, 2013년부터 국제유도연맹은 시합 심판 규정으로 띠 아랫부분을 잡는 것을 금지하고 있으므로 하의를 잡지 않도록 주의한다.

1 상대의 가운데소매와 가운데깃을 잡는다.

당김손(왼손)으로 상대의 겨드랑이를 들어 올리고, 오른쪽 어깨를 끼워 넣는다.

오른발을 내딛는다.

2 한팔업어치기의 기울이기를 시도한다.

상황에 따라서는 내딛는 힘을 그대로 이용해서 상대를 뒤로 쓰러뜨려도 된다.

상대가 발끝으로 서게 만든다.

3 오른쪽 어깨로 상대를 들어 올린다.

상대의 오른쪽 겨드랑이 밑에 오른쪽 어깨를 밀착시킨다.

상대가 한팔업어치기에 대비해 무게중심을 뒤로 뺄 때를 노린다.

4 발을 걸고 무게중심을 앞으로 이동한다.

상대방의 하의를 잡으면 안 된다 (규칙상 금지하고 있음).

5 상대에게 체중을 싣듯이 앞으로 쓰러진다.

6 기술이 끝날 때까지 당김손(왼손)을 놓지 않는다.

세계의 기술: 안뒤축감아치기를 하는 척하며 한팔업어치기

앞에서 소개한 '한팔업어치기를 하는 척하며 안뒤축감아치기'의 응용 기술이다. 상대가 안뒤축감아치기를 경계하며 방어할 때 한팔업어치기로 기술을 바꾼다. 고난이도의 테크닉이 필요하지만, 이처럼 한 자세에서 여러 가지 다른 기술로 바꿀 수 있다면 상황에 따른 선택의 폭이 한층 넓어진다. 이러한 테크닉을 연마하는 것도 유도의 묘미 중 하나다.

1 상대의 가운데소매와 가운데깃을 잡는다.

당김손(왼손)으로 상대의 겨드랑이를 들어 올리고, 오른쪽 어깨를 끼워 넣는다.

오른발을 내딛는다.

2 한팔업어치기의 기울이기를 시도한다.

상대는 안뒤축감아치기를 당할 것 같은 느낌에 전방으로 무게중심을 이동한다.

3 상대가 안뒤축감아치기를 경계하며 앞쪽으로 무게중심을 이동한다.

4 상대가 앞으로 나오는 힘을 이용해서 등에 짊어진다.

5 오른팔을 감싸서 메친다.

6 기술이 끝날 때까지 당김손(왼손)을 놓지 않는다.

메치기 ······ 손 기술

빗당겨치기

바로 맞잡기 자세에서 시작

낚음손을 세운다.

얼굴 방향은 끝까지 바꾸지 않는다.

몸을 뻗어 등을 쫙 편다.

기울이기의 방향은 상대의 앞오른모

오른발을 내디뎌 상대의 균형을 무너뜨린다.

기울이기

왼발을 뒤로 뺀다.

지읏기

오른발의 발끝은 안쪽을 향한다.

1 여기에서는 오른쪽 앞으로 회전 몸쓰기를 소개한다. 일단 상대의 자세를 무너뜨린다.

2 왼발을 뒤로 빼고 상대를 잡아당긴다.

3 오른발을 내뻗어서 상대의 무릎을 자신의 무릎 뒤쪽으로 건다.

▶▶ 발목을 끈으로 걸어 넘어뜨린다는 느낌으로

상대의 자세를 무너뜨리면서 발을 걸어 메치는 기술이다. 끈으로 발목을 걸어 넘어뜨린다는 느낌으로 실시한다. 최근에는 한판을 따내리기보다 굳히기 기술로 이행하기 위해 사용하는 선수가 많아졌다.

기술의 핵심은 상대의 균형을 무너뜨리고 메치기에 들어갈 때 자신의 얼굴과 몸의 방향을 끝까지 바꾸지 않는 것이다. 그러면 더욱 강하게 상대를 메칠 수 있다.

여기에서는 처음에 오른발을 내딛는 오른쪽 앞으로 회전 몸쓰기를 활용하지만, 상대가 앞으로 나왔을 때는 왼발을 뒤로 빼는 뒤로 몸쓰기를 활용한다.

'기울이기'의 방향

| 4 | 당김손(왼손)으로 잡아당기고, 낚음손(오른손)으로 힘껏 매트 쪽으로 내리꽂는다. | 5 | 낚음손과 당김손을 끝까지 놓지 않는다. |

걸기

POINT 메칠 때 양발을 너무 벌리지 않도록 주의한다. 양발을 너무 넓게 벌리면 무릎에 부담이 가해져 부상을 입을 수 있다. 또한 내뻗는 발의 끝부분은 안쪽을 향하는 것도 중요하다. 그래야 메치는 방향으로 무게중심을 실을 수 있기 때문이다.

자신의 장딴지에서 무릎 뒤쪽에 걸쳐 상대의 발이 걸리도록 다리를 벌린다.

메치기 ······ 손 기술   연결기술

메뉴 039 안다리후리기 → 빗당겨치기로 연결하기

목적 안다리후리기(118쪽)로 상대를 뒤로 밀었다가 그 반동으로 앞으로 나오는 상대에게 빗당겨치기 기술을 건다.

1 바로 맞잡기 자세에서 상대의 가운데깃과 가운데소매를 꽉 잡는다.

2 오른발을 내딛고 왼발을 이어 딛는다.

왼발을 후려서 상대의 자세를 무너뜨린다.

3 안다리후리기로 상대의 무게중심을 뒤로 보낸다.

상대가 오른발에 무게중심을 옮길 때를 이용한다.

4 상대가 다시 무게중심을 앞으로 옮기면 빗당겨치기에 들어간다.

오른발을 재빨리 내뻗는다.

5 오른발을 내뻗어서 발을 건다.

6 낚음손과 당김손을 끝까지 놓지 않는다.

POINT 안다리후리기로 상대를 뒤로 밀었다가 그 반동에 의해 체중이 앞으로 이동하는 것을 이용하는 연결 기술이다. 70쪽의 '안다리후리기 → 업어치기로 연결하기'와 같은 개념이다. 업어치기는 180도 회전해야 하지만, 빗당겨치기는 90도만 회전해도 상대를 메칠 수 있다.

메치기 …… 손 기술   응용

업어떨어뜨리기

 상반신은 업어치기(64쪽), 하반신은 빗당겨치기의 동작으로 상대를 메친다.

1 바로 맞잡기 자세에서 상대의 가운데깃과 가운데소매를 꽉 잡는다.

오른발은 상대의 양발 중앙으로 내딛는다.

2 오른발을 내딛고 업어치기에 들어간다.

상반신은 업어치기 자세

하반신은 빗당겨치기 자세

3 왼발을 이어 디뎠다가 오른발을 상대의 오른발 앞으로 내뻗는다.

4 상대를 매트에 떨어뜨리듯이 메친다.

5 낚음손과 당김손을 끝까지 놓지 않는다.

 POINT 상반신은 업어치기, 하반신은 빗당겨치기의 동작으로 메치는 기술이다. 여기에서는 빗당겨치기의 응용으로 소개하지만, 업어치기에 능한 선수도 익히기 쉬운 메치기 기술이다.

상반신은 업어치기, 하반신은 빗당겨치기의 형태

메치기 ······ 허리 기술

다리들어메치기

상대방을 둥글게 만다.

| 기울이기 | 지읏기 | 걸기 |

기울이기의 방향은 상대의 뒤오른모

1 다리들어메치기는 상대가 기술을 걸어올 때 되치는 기술이다.

2 허리를 낮추고 당김손으로 상대의 가랑이 아래 유도복을 잡는다.

3 상대를 들어 올린 후 낚음손을 끌어당겨 상대의 머리를 숙인다.

▶▶ 상대방이 기술을 걸어올 때를 틈타 들어 올린다

상대방이 메치기 기술을 걸어올 때를 노려 역으로 되치는 기술이다. 단급(段級)을 가리지 않고 세계적으로 널리 사용되었던 기술이다(단, 2013년부터 국제유도연맹 시합 심판 규정에서는 띠 아랫부분을 잡는 것을 금지하고 있으므로 이러한 기술이 있다는 정도로 알아두자).
아래에서 퍼올리듯이 메치는데, 구체적인 방법은 당김손(오른손)을 상대의 가랑이 아래에 넣어 상대를 들어 올린 후 공중에서 회전시키면서 메치는 것이다.
이 기술의 핵심은 상대를 들어 올릴 때 낚음손(왼손)으로 가운데깃 부근을 끌어당겨서 상대의 머리를 숙이는 것이다. 이렇게 상대를 앞으로 숙여 몸을 둥글게 말면 메치기가 더욱 쉬워진다.

'기울이기'의 방향

당김손을 올린다.

낚음손을 내린다.

4 공중에서 상대를 회전시키면서 메친다.

5 낚음손과 당김손을 끝까지 놓지 않는다.

POINT

낚음손을 끌어당겨 상대의 머리를 숙이면 메치기가 쉬워진다. 상대방을 둥글게 만든다는 생각으로 실시한다. 오로지 힘만으로 메치는 기술처럼 보이지만, 낚음손을 요령 있게 사용하지 않으면 자세가 나오지 않아 깔끔하게 메칠 수 없다.

낚음손을 끌어당겨 상대의 머리를 숙인다.

메치기 …… 허리 기술

소매들어허리채기

낚음손(오른손)으로 깃을 잡은 상태에서 당김손의 손목을 세워 상대의 팔을 들어 올린다.

상대방을 옆으로 미끄러뜨리는 느낌으로

발끝으로 서게 한다.

왼발을 들여 디딘다.

오른발을 끌어당긴다.

기울이기

지읏기

1 바로 맞잡기 자세에서 가운데깃과 가운데소매를 꽉 잡는다.

2 왼발을 들여 디디고 당김손(왼손)으로 상대의 오른쪽 소매를 추켜올린다.

3 소매를 추켜올린 상태에서 자신의 등이 상대의 정면을 향하도록 회전한다.

▶▶ 상대방을 미끄러뜨리면서 무게중심을 무너뜨린다

상대의 소매를 추켜올려 상대를 허리에 올리고 메친다. 마지막 형태가 업어치기와 비슷해서 초급자는 혼동하기 쉽지만, 메칠 때의 회전축이 업어치기와 다르다. 오른쪽 바로 맞잡기에서 업어치기를 하는 경우에는 오른발을 들여 디디고 오른쪽 앞으로 회전 몸쓰기로 회전하지만, 소매들어허리채기의 경우에는 왼발을 들여 디디고 왼쪽 앞으로 회전 몸쓰기로 회전한다. 되치기 기술이라고 하는 이유가 바로 이 때문이다. 업어치기와 소매들어허리채기 중 어떤 기술이든 사용할 수 있으므로 상대를 당혹스럽게 만든다. 소매를 추켜올릴 때는 상대가 발끝으로 설 만큼 추켜올려 상대의 오른쪽 겨드랑이 밑에 공간을 만든다. 자신의 왼쪽으로 상대의 상체를 미끄러뜨리는 느낌으로 실시하면 된다.

'기울이기'의 방향

상대방을 허리와 엉덩이에 올리고 자신의 왼쪽으로 떨어뜨리듯이 메친다.

당김손을 자신 쪽으로 당긴다.

걷기

4 소매를 뽑아내듯이 메친다.

5 낚음손과 당김손을 끝까지 놓지 않는다.

POINT 기술을 걸 때 들여놓는 발의 위치는 상대의 발끝과 주먹 하나 정도의 거리를 두는 것이 기준이다. 힘 있게 발을 디디면 발의 위치가 깊어지기 마련인데, 상대와의 거리가 너무 가까우면 소매를 제대로 추켜올릴 수 없다. 약간 먼 곳에 발을 디뎌야 한다고 의식하는 것이 좋다.

첫걸음은 약간 먼 곳에.

너무 깊이 발을 디디면 안 된다.

메치기 …… 허리 기술 응용

축이 되는 발을 바꾸어 소매들어허리채기

목적 들여 딛는 발을 오른발로 바꿔 상대가 업어치기(64쪽)라고 착각하게 만듦으로써 소매들어허리채기 기술을 쉽게 건다.

1. 바로 맞잡기 자세에서 상대의 가운뎃깃과 가운데소매를 꽉 잡는다.

2. 낚음손과 당김손을 잡은 상태에서 오른발을 내딛는다.

깊게 들여 디디지 않도록 조심한다.

상대를 옆으로 미끄러뜨리는 듯한 느낌으로
소매를 추켜올린다.

3. 오른발을 축으로 삼아 회전한다.

4. 상대의 배에 자신의 등을 밀착시켜서 메치기에 들어간다.

낚음손(오른손)과 당김손(왼손)을 이용해서 앞으로 끌어당긴다.

5. 발돋움하듯이 메친다.

6. 메칠 때 당김손을 자신 쪽으로 잡아당긴다.

POINT 오른쪽 바로 맞잡기에서 소매들어허리채기는 왼발을 들여 디디고, 업어치기는 오른발을 들여 디딘다. 이 차이를 이용해 오른발을 들여 디딤으로써 상대방이 업어치기라고 착각하게 만드는 것이다.

| 메치기 …… 허리 기술 | | 연결기술 |

메뉴 042 안뒤축후리기 → 소매들어허리채기로 연결하기

목적 안뒤축후리기(130쪽)로 인해 뒤로 물러났다가 앞으로 나오는 상대의 반동을 이용해서 소매들어허리채기 기술을 건다.

1 바로 맞잡기 자세에서 상대의 가운데깃과 가운데소매를 꽉 잡는다.

안뒤축후리기 기술도 확실히 걸어야 한다.

2 오른발로 안뒤축후리기를 한다.

오른발이 회전축

3 오른발을 그대로 들여 디딘다.

회전해서 상대의 정면으로 파고든다.

4 왼발이 오른발 앞으로 돌아 들어가는 동시에, 소매를 추켜올려서 소매들어허리채기의 기울이기에 들어간다.

5 전방으로 잡아당기듯이 메친다.

6 메칠 때 당김손을 자신 쪽으로 잡아당긴다.

POINT 안뒤축후리기로 상대를 일단 한 걸음 물러나게 만들고, 그 반동으로 앞으로 나올 때를 이용한다. 안뒤축후리기는 오른발로 내딛는 기술인데, 상대가 업어치기를 경계해서 왼발에 무게중심을 옮기게 된다는 점을 노릴 수도 있다(이 편이 소매들어허리채기로 메치기가 더 쉽다).

메치기 …… 허리 기술

허리후리기

오른쪽 바로 맞잡기 자세에서 가운데깃과 가운데소매를 꽉 잡는다.

낚음손(오른손)의 손목을 젖힌다.

발은 옆을 향하도록 내딛는다.

왼발을 당긴다.

자신의 무릎 뒤쪽과 상대의 허벅지가 밀착된다.

기울이기 기울이기의 방향은 상대의 앞오른모

지읏기

1 여기에서는 오른쪽 앞으로 회전 몸쓰기를 소개한다. 일단 오른발을 내딛고 상대방을 잡아당긴다.

2 오른발을 축으로 삼아 왼발을 당겨 회전한다.

3 낚음손과 당김손으로 잡아당긴다.

▶▶ 상대방의 다리를 퍼올리듯이 후린다

상대를 앞으로 크게 잡아당기고, 몸통과 다리를 사용해서 상대의 다리를 후리는 호쾌한 기술이다. 언뜻 허벅다리걸기(94쪽)와 비슷해 보이지만, 다리를 거는 위치가 다르다(허벅다리걸기는 상대의 양발 사이에 발을 넣어 쳐올린다).

핵심은 상대를 전방으로 크게 잡아당겨 자세를 무너뜨리는 것이다. 기울이기가 충분하지 않은 채 기술에 들어가면 자신의 몸이 구부러져서 허리를 회전할 수 없다. 무게중심을 확실히 무너뜨리고 상대와 몸을 밀착시키는 것이 중요하다. 또한 후리는 발의 위치가 너무 높으면 상대에게 힘이 전달되기 어려우므로 주의해야 한다. 상대의 무릎 아래에서 퍼올리는 듯한 감각으로 메치면 된다.

'기울이기'의 방향

허리 회전에 의한
원심력을 활용해서
힘 있게 메친다.

걸기

4 오른발로 퍼올리듯이 상대방을 후린다.

5 낚음손과 당김손을 끝까지 놓지 않는다.

POINT 상대방을 후릴 때는 허리를 재빨리 회전해 끝까지 메쳐야 한다. 허리를 회전한다는 의식이 중요한데, 허리의 회전 없이 상체의 근력만으로 메치려고 하면 버티고 있는 상대를 제대로 메칠 수 없다. 자신의 허리와 상대의 허리가 겹쳐진다는 느낌으로 시도해야 한다.

자신의 허리와 상대의 허리가 겹쳐진다는 느낌으로 실시

메치기 …… 허리 기술 　기본

허리후리기의 핵심 ①

후리는 발(오른발)은 몸 쪽부터 발끝까지 곧게 펴고 상대와 몸을 밀착시킨다.

○ 상대에게 자신의 힘을 전달하기 위해 몸을 밀착시킨다.

✕ 허리가 숙여져서 상대와 밀착되지 않으면 효과적인 기술을 걸 수 없다.

POINT 허리후리기에서 중요한 것은 지웃기를 할 때 상대방과 밀착하는 것이다. 허리를 너무 깊이 넣어 상체가 앞으로 기울어지면 상대와의 사이에 공간이 생겨서 효과적으로 기술을 걸 수 없다. 반대로 허리를 너무 얕게 넣는 경우에도 제대로 메칠 수 없다.

메치기 …… 허리 기술 　기본

허리후리기의 핵심 ②

상대방의 무릎 아래를 자신의 다리 전체로 후려 올린다.

○ 다리를 거는 위치는 상대방의 무릎 아래 부근이다.

✕ 다리의 위치가 높으면 되치기당할 가능성이 높아진다.

POINT 허리후리기를 하는 다리의 위치는 상대의 무릎 아래 부근이다. 그보다 높으면 균형을 유지하기 어려워 기술을 걸기 힘들 뿐 아니라 되치기를 당할 가능성도 높아진다. 퍼올리듯이 후린다는 느낌으로 실시하는 것이 좋다.

메치기 …… 누우며 메치기 기술   응용

허리후리기감아치기

허리후리기를 시도했다가 완전히 메치지 못했을 경우에는
상대의 낚음손을 감싸안듯이 잡아 메친다.

1
바로 맞잡기 자세에서
가운데깃과 가운데소매를 꽉 잡는다.

2
낚음손과 당김손(왼손)으로
상대를 오른쪽 앞으로 크게 잡아당긴다.

3
허리를 회전시키는 동시에
상대의 낚음손을 감싼다.

4
낚음손을 감싸 쥔 채
원심력을 이용해서 메친다.

5
마지막에는
자신의 몸으로 상대를 누른다.

POINT
허리후리기의 변형이라고 할 수 있는 기술이다. 허리후리기를 시도했다가 상대를 완전히 메치지 못했을 때, 상대의 깃을 잡고 있던 낚음손(오른손)을 풀고 상대의 낚음손을 겨드랑이 밑으로 감싸듯이 고정해 메친다. 허리후리기는 허리 기술이지만, 허리후리기감아치기는 누우며 메치기 기술로 분류된다.
그런데 이 기술은 몸을 휘두르는 안이한 습관이 몸에 밸 수 있으므로 초·중등부 선수에게는 그다지 권하지 않는다. 일단 허리후리기를 확실히 익히는 것이 중요하다.

메치기 …… 허리 기술

허리꺼치기

- 상대방의 등이 쫙 펴질 만큼 확실히 잡아당긴다.
- 몸을 앞으로 숙이면 제대로 메칠 수 없다. ✗

| 기울이기 | 오른발을 내딛는다. | 지웃기 |

- 기울이기의 방향은 상대의 앞쪽
- 왼발을 끌어당겨서 양발을 평행하게 모은다.

1 여기에서는 오른쪽 앞으로 회전 몸쓰기, 상대의 가운데깃과 가운데소매를 꽉 잡는다.

2 당김손으로 상대를 크게 잡아당겨서 균형을 무너뜨린다.

3 무게중심을 낮추면서 낚음손으로 상대를 감싸 쥐고 허리에 올린다.

▶▶ 상대를 허리에 올리는 기술로, 초보자에게 적합하다

낚음손(오른손)으로 등을 감싸고 상대를 자신의 허리에 올려 메치는 기술이다. 낚음손으로 상대의 깃을 잡지 않는 기술이므로, 맞잡기 방법에 익숙하지 않더라도 메치는 즐거움을 느낄 수 있다. 때문에 전방으로 메치는 기술 중에서 초급자가 처음으로 익히는 경우가 많다.

기울이기와 지웃기의 핵심을 쉽게 이해할 수 있고, 양발을 매트에 댄 상태에서 메칠 수 있으므로 균형을 유지하기 쉽다는 특징도 있다. 중·상급자가 이 기술을 제대로 익히면 위력적인 무기가 될 수도 있다. 메치는 단계에서 몸을 확실히 회전시키는 것이 중요하다.

'기울이기'의 방향

당김손을 자신의 옆구리까지 잡아당기며 메친다.

걸기

| 4 | 무릎을 펴면서 메친다. | 5 | 낚음손과 당김손을 끝까지 놓지 않는다. |

POINT 허리껴치기에서 중요한 점은 상대방을 허리에 확실히 올려놓는 것이다. 그러기 위해서는 자신의 허리를 상대의 정면에 두어야 하는데, 그 위치가 너무 깊거나 너무 얕으면 안 된다. 자신의 오른쪽 엉덩이와 상대의 오른쪽 허리 부근을 딱 맞추고 회전하는 것이 좋다.

상대의 정면으로 확실히 파고든다.

회전이 얕으면 상대를 등에 올리지 못한다.

메치기 …… 허리 기술

허리채기

허리를 낮추고, 낚음손을 올리면서 자신의 몸 오른쪽을 상대에게 밀착시킨다.

기울이기의 방향은 상대의 앞쪽 → 오른발을 내딛는다. **기울이기**

오른발을 축으로 회전한다. **지읏기**

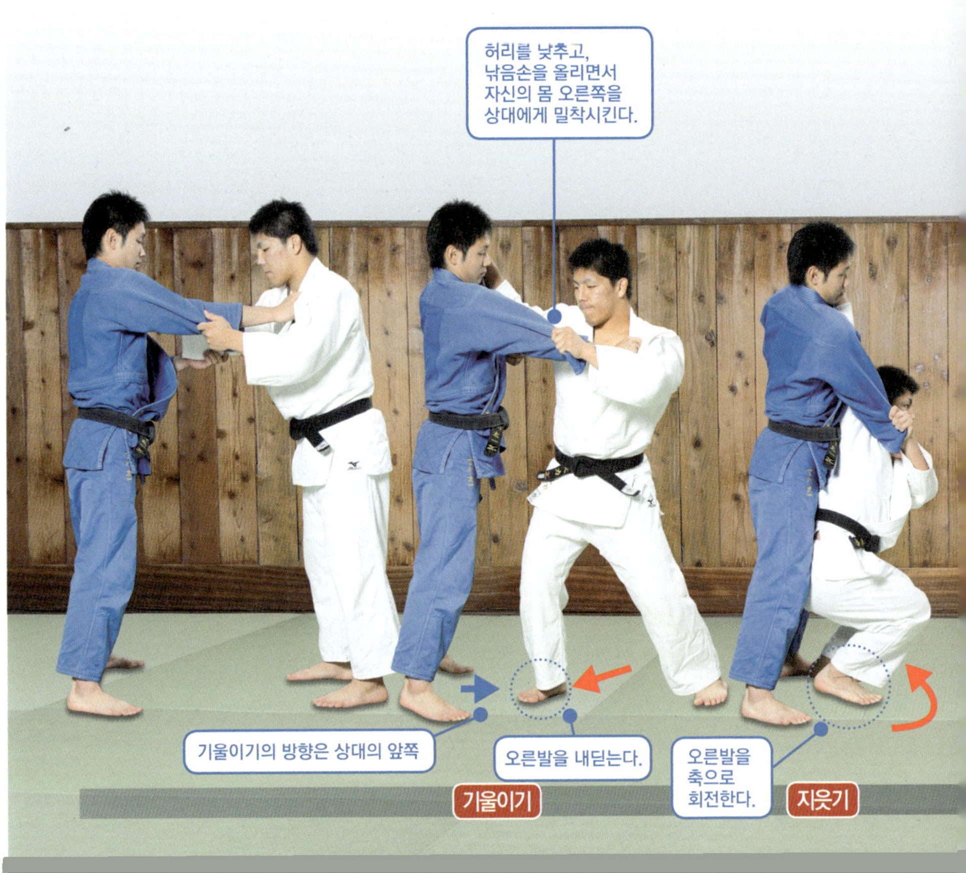

1 바로 맞잡기 자세에서 상대방의 가운데깃과 가운데소매를 꽉 잡는다.

2 낚음손으로 상대방을 추켜올리고 전방으로 기울인다.

3 낚음손의 팔꿈치를 뻗으면서 오른발을 축으로 삼아 회전한다.

▶▶ 상대의 깃을 추켜올려 메치는 기술

상대방을 추켜올려 무게중심을 무너뜨리고 전방으로 메치는 기술이다. 소매들어허리채기는 소매를 추켜올리지만, 허리채기는 상대의 깃을 추켜올린다.

상대를 추켜올릴 때는 낚음손(오른손)을 위쪽으로 뻗으면서 무릎을 접고 허리를 낮춘다. 그러면 가운데깃을 잡은 상태에서 상대를 추켜올리는 자세를 만들 수 있다. 다만 낚음손만으로 상대를 추켜올리기 때문에 어깨에 가해지는 부담이 크고 부상으로 이어지는 경우도 있으므로 너무 무리하지 않는 선에서 연습을 한다. 추켜올리는 동작이 어려워서 잘 활용하기 힘든 만큼 실제 시합에서는 자주 볼 수 없지만, 유도의 폭을 넓히기 위해서는 꼭 연습해둘 필요가 있다.

'기울이기'의 방향

걸기

| 4 | 무릎의 반동을 이용해서 상대를 튕겨 올렸다가 떨어뜨린다는 느낌으로 메친다. |
| 5 | 메칠 때 당김손(왼손)을 자신 쪽으로 당긴다. |

POINT 회전하면서 상대에게 똑바로 파고들어야 한다. 정면에서 봤을 때 자신과 상대의 몸이 일직선으로 겹쳐지는 것이 가장 좋다. 또한 허리를 낮출 때는 등을 쫙 펴는 것도 중요하다. 몸이 앞으로 숙여지면 제대로 메칠 수 없다.

○ 상대에게 파고들 때는 등을 쭉 편다.

✕ 앞으로 숙이지 않도록 한다.

메치기 …… 발 기술

허벅다리걸기

오른쪽 바로 맞잡기 자세에서 상대방의 가운데깃과 가운데소매를 꽉 잡는다.

달력을 넘기듯이 당김손을 들어 올린다.

낚음손과 당김손으로 상대를 위로 높이 들어 올린다.

시선은 정면을 향하고, 시선을 따라 당김손을 움직인다.

기울이기의 방향은 상대의 앞쪽

오른발을 내딛는다.

기울이기

지읏기

1 여기에서는 오른쪽 앞으로 회전 몸쓰기를 소개한다. 일단 오른발을 내딛는다.

2 왼발을 재빨리 끌어당긴다.

3 앞으로 숙이면서 상대를 비스듬히 위로 끌어올리고, 후리는 발(오른발)을 상대의 가랑이 사이에 넣는다.

▶▶ 한 걸음 내딛는 동시에 상대방을 앞으로 끌어당긴다

상대방을 앞으로 끌어당겨서 균형을 무너뜨린 후 상대의 다리 사이에 한쪽 발을 넣어 차올리듯이 메치는 기술이다. 업어치기(64쪽) 등과 함께 세계적으로 인기가 많은 기술로, 상대가 다리를 벌리는 틈을 노린다.

무릎 반동을 이용하면서 한쪽 다리로 몸을 지탱하는 균형 감각이 필요하다. 기울이기가 충분하지 않으면 되레 자신의 균형이 무너질 수 있으므로 주의한다. 기술을 거는 방법은 여러 가지가 있지만, 여기서는 우선 오른발을 내딛는 방법을 소개한다. 허벅다리비껴되치기(102쪽) 등의 기술을 방지하거나 상대에게 기술을 읽히지 않기 위해서는 안다리후리기(118쪽) 등으로 상대의 자세를 무너뜨린 후 허벅다리걸기를 시도하는 것도 좋은 방법이다.

'기울이기'의 방향

낚음손의 손목을 세우고 상대를 위로 뽑아내듯이 추켜올린다.

당김손은 끝까지 당겨주고 낚음손으로 제어하면서 상대를 뽑아내듯이 메친다.

걷기

4 축이 되는 발(왼발)에 무게중심을 옮기면서 상대의 허벅지 안쪽을 차올린다.

5 기술이 끝날 때까지 낚음손과 당김손을 놓지 않는다.

POINT 다른 기술도 마찬가지만, 허벅다리걸기에서도 상대를 확실히 잡아당기는 것이 중요하다. 허벅다리걸기에서는 특히 낚음손(오른손)과 당김손(왼손)의 간격이 일정해야 하고, 같은 방향을 향하도록 하는 것이 핵심이다. 낚음손과 당김손이 다른 방향을 향하면 힘이 분산되어 상대의 균형을 확실히 무너뜨릴 수 없다.

낚음손과 당김손의 간격은 일정하게.

간격이 달라지면 힘이 분산된다.

메치기 …… 발 기술

축이 되는 발로 외발뛰기

 허벅다리걸기를 시도할 때 상대를 밀어붙이기 위한 균형 감각을 기른다.

기본

순서

① 허벅다리걸기의 걷기 자세를 취한다.
② 원을 그리듯이 외발뛰기를 한다(축이 되는 발로 종종걸음을 치듯 점프한다).
③ 10회 정도 실시한다.

다리를 후리는 자세를 취한다.

축이 되는 발로 외발뛰기를 하면서 회전한다.

 POINT 안정적으로 외발서기를 할 수 있도록 하는 연습이다. 회전하는 이유는 상대를 메칠 때 생기는 원심력에 견딜 수 있도록 하기 위함이다.

메치기 …… 발 기술

다리 차올리기

 허벅다리걸기의 올바른 자세를 익히기 위해 몸의 라인이 일직선이 되도록 다리를 차올린다.

기본

순서

① 허벅다리걸기의 기울이기 자세를 취한다.
② 축이 되는 발의 무릎을 가볍게 굽혀 상체를 앞으로 기울이고, 후리는 발을 올린다.

자연본체에서 후리는 발과 양팔을 올려서 기울이기 자세를 취한다.

무릎을 굽히면서 몸을 앞으로 숙이고, 후리는 발(오른발)을 뒤로 차올린다.

옆에서 봤을 때 몸통과 다리가 일직선이 되도록

 POINT 상체만 앞으로 숙여서 메치려고 하면 머리부터 파고 드는 자세가 되기 때문에 부상을 입을 수 있다. 다리를 차올릴 때는 몸이 일직선이 되도록 한다.

메치기 …… 발 기술   기본

벽 짚고 허벅다리걸기

 벽을 이용해서 허벅다리걸기의 다리 움직임을 반복 연습한다.

손의 높이와 어깨 높이를 같게

벽을 왼편에 두고 서서 왼손을 벽에 댄다.

왼손을 벽에 댄 채로

오른손은 왼손보다 약간 아래에 위치

왼발을 축으로 삼아 몸을 회전시켜 오른발을 끌어당긴다. 벽과 마주 본 후, 오른손을 벽에 댄다.

오른손을 벽에 댄 채로

왼발을 뒤로 뺀다.

오른발을 축으로 삼아 왼발을 뒤로 뺀 후, 재빨리 무게중심을 왼발로 옮겨 선다.

옆에서 봤을 때 등부터 발끝까지 일직선이 되게 한다.

상체를 앞으로 숙이면서 후리는 발을 차올린다.

순서

① 벽 옆에 서서 왼손을 벽에 댄다.
② 몸을 회전시키고 오른손도 벽에 댄다.
③ 오른발을 축으로 삼아 왼발을 뒤로 빼면서 90도 회전한다.
④ 상체를 앞으로 숙이면서 후리는 발(오른발)을 차올린다.

 벽을 활용하면서 발놀림을 확인하고 기술의 형태를 만드는 연습이다. 매트나 벽의 무늬를 이용해서 서는 위치와 손을 대는 위치를 정하고, 자신에게 가장 이상적인 동선을 표시해두는 것도 좋은 방법이다.

메치기 …… 발 기술 　　　　　　　　　　　　　연결기술

안다리후리기 → 허벅다리걸기로 연결하기

목적 　안다리후리기(118쪽)로 상대의 무게중심을 뒤로 밀었다가
그 반동으로 앞으로 나올 때를 노려 허벅다리걸기를 시도한다.

1 상대와 바로 맞잡기를 하고 낚음손(오른손)으로
가운데깃을, 당김손(왼손)으로 가운데소매를 잡는다.

낚음손으로 상대의 가슴을 벌린다.

오른발로 안다리후리기를 건다.

왼발을 크게 이어 디디며 상대의 품으로 파고든다.

2 상대의 자세를 무너뜨리고 안다리후리기를 건다.

낚음손과 당김손으로 상대를 밀어서 뒤로 기울인다.

3 상대는 방어를 위해 허리를 뒤로 빼고
무게중심을 뒤로 옮기게 된다.

반동에 의해 앞으로 나온다.

4 뒤로 기울어졌던 반동에 의해
상대가 앞으로 나온다.

POINT 허벅다리걸기를 시도하기 위해 안다리후리기를 이용하는 연결 기술이다. 안다리후리기로 상대가 뒤로 물러나게 만들고, 그 반동으로 상대가 앞으로 나올 때 허벅다리걸기를 시도한다. 상대가 앞으로 나올 때만 시도할 수 있으며, 그대로 뒤로 물러난다면 허벅다리걸기가 아니라 밭다리후리기(104쪽)로 연결한다.

낚음손과 당김손으로 상대를 추켜올린다.

5 앞으로 나온 상대의 반동을 이용해서 단숨에 간격을 좁혀 허벅다리걸기의 기울이기에 들어간다.

6 몸을 회전시켜서 허벅다리걸기를 시도한다.

7 오른쪽 다리로 상대의 허벅지를 차올린다.

8 기술이 끝날 때까지 낚음손과 당김손을 놓지 않는다.

메치기 ····· 발 기술　　　　　　　　　　　　　　　　　　연결기술

메뉴 050 밭다리후리기 → 허벅다리걸기로 연결하기

목적　밭다리후리기(104쪽)로 상대의 자세를 무너뜨린 후 재빨리 허벅다리걸기를 시도한다.

1 바로 맞잡기 자세에서 상대의 가운데깃과 가운데소매를 꽉 잡는다.

왼발을 내딛는다.

2 왼발부터 내디뎌서 밭다리후리기에 들어간다.

원래의 몸 방향에서 90도 회전한다.

왼발을 축으로 삼아 회전한다.

3 상대의 자세가 무너지면 몸을 90도 회전시킨다.

4 허벅다리걸기를 시도한다.

5 퍼올리듯이 메친다.

6 낚음손(오른손)과 당김손(왼손)을 끝까지 놓지 않는다.

 POINT　이 연결 기술에서 중요한 부분은 회전할 때 축이 되는 발(왼발)을 사용하는 방법이다. 상대를 메치는 방향(원래 방향에서 90도 회전)으로 되도록 빠르게 발끝의 방향을 바꾼다. 이렇게 움직여야 원활하게 연결 기술로 들어갈 수 있다.

연결 기술을 걸 때 몸의 회전은 90도

세계의 기술 | 역으로 맞잡기에서 허벅다리걸기

역으로 맞잡기는 낚음손을 서로 맞잡기 때문에 상대방과의 거리가 가까워진다. 이를 활용해서 90도 회전으로 메치는 자세에 들어간다. 빠른 동작으로 단숨에 메치기에 들어가야 하는 어려운 기술이다. 축이 되는 발(왼발)에 많은 부담이 가해져 부상을 당할 위험이 있으므로 매우 조심해야 한다.

1 자신은 오른쪽 잡기, 상대는 왼쪽 잡기를 하는 역으로 맞잡기.

낚음손과 당김손으로 상대를 끌어당긴다.

발끝은 메치는 방향으로

2 메치는 방향으로 발끝이 향하도록 내딛는다.

3 허리를 90도 회전시켜 허벅다리걸기에 들어간다.

축이 되는 발을 메치는 방향으로 향한다.

4 상대를 퍼올리듯이 메친다.

5 힘을 죽이지 말고 그대로 메친다.

6 낚음손과 당김손을 끝까지 놓지 않는다.

메치기 ······ 발 기술   응용

메뉴 051 허벅다리비껴되치기

 상대방이 허벅다리걸기를 시도할 때 비껴서 상대를 메친다.

1 역으로 맞잡기 자세를 취한다.

기술이 거의 들어왔을 때 비낀다.

2 상대가 허벅다리걸기를 시도할 때 발을 뒤로 빼서 비낀다.

3 상대의 자세가 크게 무너진다.

오른발을 내민다.

4 상대의 발(축이 되는 오른발) 앞으로 오른발을 내민다.

당김손(왼손)은 당긴다.

5 낚음손(오른손)을 밀면서 상대를 메친다.

6 낚음손과 당김손을 끝까지 놓지 않는다.

POINT 상대가 허벅다리걸기를 시도할 때 사용하면 좋은 기술이다. 자신의 가랑이 사이에 상대의 다리가 들어올 때를 노리는 것이 핵심이다. 다리를 넓게 벌려 상대가 들어오도록 유도하는 것도 하나의 작전이다.

세계의 기술 | 들어오는 다리를 거는 허벅다리비껴되치기

일본 나카야 리키 선수가 개발한 허벅다리비껴되치기 기술이다. 이 기술의 특징은 상대의 허벅다리걸기를 비낀 후, 상대의 가랑이 사이에서 다리를 한 번 거는 것이다. 이 동작을 넣으면 상대를 더욱 당황시켜서 상대의 균형을 쉽게 무너뜨릴 수 있다. 허벅다리비껴되치기는 이외에도 선수마다 독자적으로 개발한 다양한 형태가 있다. 유도의 재미는 이처럼 독자적인 기술을 개발하는 데 있기도 하다. 이 책을 읽는 여러분도 자신만의 독자적인 기술을 찾아보기 바란다.

1. 역으로 맞잡기 자세를 취한다.

2. 상대가 허벅다리걸기를 시도할 때 발을 뒤로 빼서 비낀다.

3. 상대의 왼발을 자신의 오른쪽 발등으로 건다.

4. 자신의 오른발을 차올린다.

5. 낚음손(오른손)을 밀면서 상대를 메친다.

6. 낚음손과 당김손(왼손)을 끝까지 놓지 않는다.

메치기 …… 발 기술

밭다리후리기

오른쪽 바로 맞잡기 자세에서 상대의 가운데깃과 가운데소매를 꽉 잡는다.

상대의 무게중심을 오른발로 이동시킨다.

발가락 끝까지 똑바로 펴고 다리를 올린다.

기울이기의 방향은 상대의 뒤쪽

기울이기 | 왼발을 내딛는다. | **지읏기** | 상대의 무릎 뒤쪽을 후린다. | **걸기**

1 당김손으로 상대의 왼쪽 어깨를 내리고, 낚음손으로 추켜올려서 무게중심을 무너뜨린다.

2 매트를 스치듯이 후리는 발을 휘두른다.

3 후리는 발을 내리치는 동시에 양손으로 상대의 상체를 뒤로 똑바로 민다.

▶▶ 상대방을 충분히 기울이고 뒤로 후려 메친다

일반적으로 상대방을 뒤로 밀치고 다리를 걸어서 상대가 등으로 떨어지도록 만드는 기술을 '후리기'라고 한다.

그중 대표적인 기술이 밭다리후리기로, 업어치기(64쪽), 허벅다리걸기(94쪽), 안다리후리기(118쪽) 등과 함께 전 세계 유도인들에게 높은 인기를 끄는 기술이다.

밭다리후리기에서 특히 중요한 것은 기울이기다. 낚음손(오른손)으로 상대의 턱을 밀치듯이 들어올려서 상대의 무게중심을 확실히 무너뜨린다. 상대의 한쪽 발에 무게중심이 쏠린 순간에 기술을 걸면 쉽게 메칠 수 있다. 반대로, 상대가 양발로 버틴다면 기울이기가 제대로 되지 않은 것이다.

'기울이기'의 방향

후리는 발을 뒤로 치켜들면서 상체를 앞으로 숙인다.

낚음손과 당김손은 안전벨트와 같다. 절대로 놓지 않는다.

4 양손을 놓지 말고 상대의 등을 확실히 매트에 떨어뜨린다.

5 낚음손과 당김손을 끝까지 놓지 않는다.

POINT 밭다리후리기에서 낚음손과 당김손은 상대를 보호하는 안전벨트의 역할을 한다. 낚음손과 당김손을 놓아버리면 상대는 낙법을 칠 수 없어서 머리나 경추에 부상을 입을 가능성이 생긴다. 상대가 낙법을 제대로 칠 수 있도록 반드시 낚음손과 당김손을 끝까지 잡고 있어야 한다. 또한 밭다리후리기 연습은 방어자가 후방 낙법(44쪽~)을 충분히 익힌 후에 실시해야 한다.

낚음손과 당김손을 끝까지 놓지 않는다.

메치기 …… 발 기술　　　　　기본

밭다리후리기의 핵심 ①

 낚음손과 당김손으로 상대의 자세를 무너뜨린다.

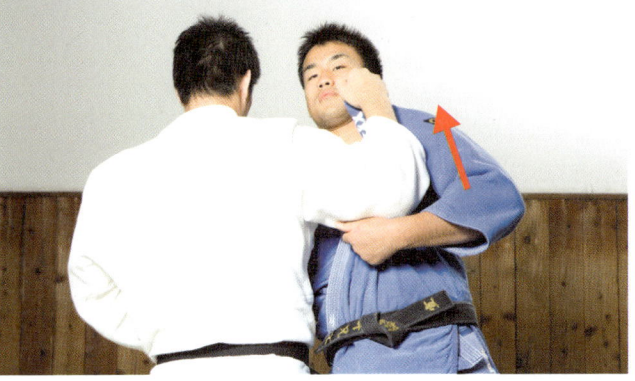

상대의 자세를 확실히 무너뜨리기 위해
낚음손으로 상대의 턱을 밀어 올리듯이 기울인다.

 낚음손의 손목을 세우고 상대의 턱을 압박하듯이 밀어 올린다. 이 동작을 확실히 해주면 상대를 뒤로 기울일 수 있다.

메치기 …… 발 기술　　　　　기본

밭다리후리기의 핵심 ②

 고관절을 받침점으로 삼고 몸 전체를
마치 시소처럼 일직선으로 연동시킨다.

1　후리는 발로 상대의 다리를 걸고
　 뒤로 치켜든다.

2　옆에서 봤을 때 몸의 라인은
　 늘 일직선이 되도록 한다.

 밭다리후리기를 할 때는 후리는 발(오른발)을 치켜들면서 상체도 앞으로 기울인다. 이때 상체에 힘이 들어가서 너무 앞으로 쏠리면 기술을 제대로 걸 수 없다.
고관절을 받침점으로 삼아 몸을 시소처럼 활용해 상체와 다리가 일직선이 되게 하는 것이 이상적이다.

메치기 ······ 발 기술   기본

메뉴 054 벽 짚고 밭다리후리기

목적 벽을 이용해 밭다리후리기에서 후리는 발을 치켜드는 방법을 익힌다.

1 한쪽 손을 주먹 쥔 후 벽에 대고 옆으로 선다.

벽에 손을 댄 채로

2 벽에 손을 댄 상태에서 축이 되는 발을 한 걸음 내딛는다.

발끝을 쭉 편다.

3 발끝을 쭉 펴고 치켜든다.

4 그대로 똑바로 내리친다.

순서

① 벽 옆에 서서 주먹 쥔 손(오른손)을 벽에 댄다.
② 축이 되는 발(왼발)을 한 걸음 내딛는다.
③ 후리는 발(오른발)을 앞으로 똑바로 치켜든다.
④ 후리는 발을 똑바로 내리쳐서 원래 자세로 돌아온다.

POINT 후리는 발을 똑바로 치켜들었다가 제대로 내리칠 수 있는지 확인한다. 거울 앞에서 실시하거나 연습 상대에게 동작을 확인받는 것이 좋다. 올바른 자세로 연속 동작을 할 수 있는 횟수를 한 세트의 기준으로 삼고, 세트가 끝나면 잠시 쉬었다 다시 실시한다. 반복 연습이 중요하므로 매일 조금씩이라도 실시하는 것이 좋다.

메치기 ······ 발 기술

메뉴 055 안다리후리기 → 밭다리후리기로 연결하기 ①

목적: 안다리후리기(118쪽)로 상대의 무게중심을 무너뜨리고, 더욱 몰아붙여서 밭다리후리기를 건다.

1. 오른쪽 바로 맞잡기 자세에서 가운데깃과 가운데소매를 꽉 잡는다.

2. 오른발로 상대의 왼발을 걸어 안다리후리기를 시도한다.

상대는 뒤로 물러난다.

3. 상대는 자세를 무너뜨리지 않기 위해 뒤로 물러난다.

몰아붙이는 동시에 밭다리후리기의 기울이기에 들어간다.

축이 되는 발을 내딛는다.

4. 축이 되는 발을 깊게 내디뎌서 몰아붙인다.

> **POINT** 이 연결 기술은 허리를 뒤로 빼서 방어 자세를 취하는 상대에게 특히 효과적이다. 핵심은 안다리후리기를 확실히 걸어 상대의 무게중심을 무너뜨림으로써 뒤로 물러나도록 만드는 것이다. 밭다리후리기를 걸 때는 축이 되는 발(왼발)을 깊게 내디뎌야 한다.

안다리후리기로 상대가 뒤로 물러나게 만드는 것이 중요

낚음손(오른손)으로 상대를 추켜올리고, 당김손(왼손)으로 강하게 잡아당긴다.

후리는 발을 치켜든다.

5 후리는 발(오른발)을 똑바로 치켜들어서 밭다리후리기를 시도한다.

상대를 아래로 민다.

후리는 발을 내리친다.

6 후리는 발을 내리치면서 양손으로 상대의 상체를 아래로 민다.

7 양손을 놓지 말고 상대의 등을 확실히 매트에 떨어뜨린다.

8 낚음손과 당김손을 끝까지 놓지 않는다.

메치기 ······ 발 기술   연결기술

메뉴 056 안다리후리기 → 밭다리후리기로 연결하기 ②

목적 역으로 맞잡기일 때 안다리후리기에서 밭다리후리기로 연결하는 경우에는 우선 안다리후리기로 상대를 잡아당긴다.

1 역으로 맞잡기 자세에서 가운데깃과 가운데소매를 꽉 잡는다.

2 왼발부터 내딛고 안다리후리기에 들어간다.

낚음손(오른손)을 잡아당긴다.

상대의 오른발로 무게중심을 이동시킨다.

3 재빨리 밭다리후리기를 시도한다.

후리는 발을 매트에 대지 않고 그대로 밭다리후리기로 바꾼다.

4 낚음손과 당김손으로 힘을 조절하면서 메친다.

5 낚음손과 당김손을 끝까지 놓지 않는다.

 POINT 역으로 맞잡기는 위에서 봤을 때 낚음손을 중심으로 부채 모양이 되므로 밭다리후리기를 걸기에는 상대와의 거리가 멀다. 그러므로 안다리후리기로 상대와의 거리를 좁혀야 밭다리후리기에 들어가기가 수월해진다. 여기에서 소개하는 기술은 안다리후리기에서 발을 매트에 대지 않고 그대로 밭다리후리기로 바꾸는 고급 테크닉이다. 초보자는 안다리후리기를 건 후 후리는 발(오른발)을 일단 착지시키는 방법으로 연습한다.

메치기 …… 발 기술 　　　　　　　　　　　　　　연결기술

발뒤축후리기 → 밭다리후리기로 연결하기

목적 상대의 좌우 무게중심 이동을 이용한다. 발뒤축후리기(126쪽)로 상대를 뒤로 물러나게 해 방어 자세를 무너뜨린 다음 밭다리후리기에 들어간다.

1 발뒤축후리기를 시도한다.
〔상대의 발을 후린다.〕

2 상대는 방어를 위해 뒤로 물러나면서 발뒤꿈치로 무게중심을 옮긴다.
〔왼발 뒤꿈치에 무게중심을 싣는다.〕

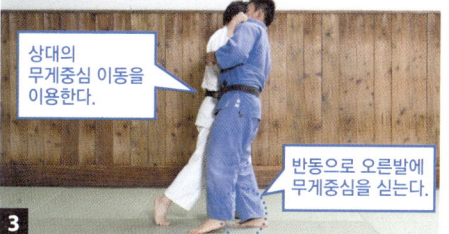

3 상대의 무게중심 이동에 맞춰 밭다리후리기의 기울이기에 들어간다.
〔상대의 무게중심 이동을 이용한다.〕
〔반동으로 오른발에 무게중심을 싣는다.〕

4 오른발을 크게 치켜들어 상대의 발을 후린다.

5 양손을 놓지 않고 상대의 등을 확실히 매트에 떨어뜨린다.

6 낚음손과 당김손을 끝까지 놓지 않는다.

POINT 바로 맞잡기에서 밭다리후리기를 걸 때는 먼저 발뒤축후리기로 상대가 뒤로 물러나도록 만들어 방어 자세를 무너뜨린 후 밭다리후리기로 연결하는 방법이 효과적이다. 발뒤축후리기는 상대의 왼발, 밭다리후리기는 상대의 오른발을 후리기 때문에, 후리는 발을 제대로 바꾸는 것이 관건이다.

발뒤축후리기에서는 상대가 왼쪽으로 무게중심을 이동한다.

메치기 …… 발 기술

모두걸기

> 양손은 핸들을 돌리듯이 움직인다.

> 낚음손은 반원을 그리며 위로 밀고, 당김손은 안쪽으로 밀어 넣는다.

> 기울이기의 방향은 상대의 오른쪽

기울이기 → 지읏기

> 양발이 모이는 순간 후린다.

1 바로 맞잡기 자세에서 가운데깃과 가운데소매를 꽉 잡는다.

2 상대를 옆으로 움직이고, 발이 모이는 순간에 후린다.

▶▶ 다양한 방법으로 상대를 후릴 수 있는 기술

낚음손(오른손)과 당김손(왼손)으로 기울이고, 양발이 모이는 순간을 노려서 후리는 기술이다.
대표적인 발 기술 가운데 하나로, 상대의 움직임에 따라 임기응변으로 사용하기에도 좋다. 옆으로 움직여서 상대의 발을 후리는 기본적인 동작부터 상대의 뒤로 돌아들면서 후리는 방법까지 다양한 패턴을 익혀두면 여러 상황이나 상대의 성향에 따라 다양하게 활용할 수 있다.

기술을 걸 때의 핵심은 상대를 회전시킨다는 생각으로 발을 후리는 것이다. 또한 가능한 한 등을 곧게 편 자세를 유지하는 것도 중요하다.

'기울이기'의 방향

후릴 때 상체를 너무 숙이지 않는다.

걷기

3 후리는 발(왼발)을 휘두르는 동시에 양손으로 상대의 상체를 아래로 민다.

4 양손을 놓지 말고 상대의 등을 확실히 매트에 떨어뜨린다.

 모두걸기의 핵심은 낚음손과 당김손의 움직임에 있다. 낚음손은 반원을 그리듯이 위쪽으로 밀고, 당김손은 안쪽으로 밀어 넣는다. 마치 자동차 핸들을 돌리듯이 움직인다. 이런 움직임으로 상대의 상체를 비스듬히 앞으로 무너뜨릴 수 있다.

핸들을 돌리듯이 손을 움직여 상대를 옆으로 잡아 올리듯이 기울인다.

메치기 …… 발 기술　　　　　기본

메뉴 058 모두걸기의 1인 부딪치기

목적 ▶ 상대가 앞에 있다고 가정하고 모두걸기의 타이밍을 연습한다.

1 상대가 앞에 있다고 가정하고 낚음손과 당김손의 형태를 만든다.

2 축이 되는 발을 옆으로 디딘다.

(말풍선) 축이 되는 발을 옆으로 디딘다.

3 손을 움직이면서 발로 후린다.

(말풍선) 발로 후린다.

4 원래 자세로 돌아간다. 반대쪽도 동일하게 실시한다.

순서

① 상대와 맞잡은 상태라고 가정하고 모두걸기의 낚음손(오른손)과 당김손(왼손)의 형태를 만든다.

② 축이 되는 발(오른발)을 옆으로 디디고, 이어서 후리는 발(왼발)을 끌어당긴다.

③ 당김손을 안쪽으로 밀어 넣는 동시에 후리는 발로 후리는 동작을 취한다. 원래 자세로 돌아갔다가 반대쪽도 동일하게 실시한다.

POINT
1인 부딪치기는 상대가 눈앞에 있다고 가정하고 기술의 형태를 혼자서 만들어 보는 연습이다. 유도의 기본적인 연습이라고 할 수 있으며, 다른 기술에서도 응용할 수 있다. 실제 시합과 유사한 상황을 설정해 동작을 취해야 연습의 질이 높아진다.

모두걸기 연습의 경우에서도, 옆으로 이동하거나 뒤로 돌아드는 등 시합에서 실제로 일어나는 상황을 설정해 실시한다.

메치기 …… 발 기술

메뉴 059 모두걸기되치기

응용

목적: 상대방의 모두걸기가 거의 들어왔을 때 살짝 피한 후 역으로 발을 후려서 메친다.

1 바로 맞잡기 자세에서 가운데깃과 가운데소매를 꽉 잡는다.

왼발을 뒤로 빼서 피한다.

2 상대의 발 기술이 거의 들어왔을 때 발을 살짝 빼서 피한다.

3 곧바로 상대의 발을 후린다.

4 낚음손(오른발)과 당김손(왼발)을 핸들처럼 돌린다.

5 낚음손과 당김손을 끝까지 놓지 않는다.

POINT 상대가 자신의 발을 후리려고 하는 순간에 발을 뒤로 뺀 후, 역으로 발 기술을 거는 되치기 기술이다. 동작이 모두걸기와 비슷하기 때문에 모두걸기의 응용 기술로 연습해두면 좋다.

중요한 점은 상대가 발을 힘껏 후리는 순간을 노리는 것이다. 자신이 상대를 쓰러뜨리기 위해서는 상대의 무게중심이 디딤발(후리는 발)에 옮겨져야 한다. 발을 가볍게 휘두르는 정도의 동작으로는 이 기술로 한판을 따낼 수 없다.

메치기 …… 발 기술

나오는발차기

- 상대방을 단단히 잡는다.
- 축이 되는 발을 내딛는다.
- 상대방의 복사뼈 근처를 후린다.

| 기울이기 | | 지웃기 |

1 바로 맞잡기 자세에서 가운데깃과 가운데소매를 꽉 잡는다.

2 축이 되는 발(오른발)을 크게 내디뎌서 상대를 밀어붙인다.

3 앞에 남겨진 상대의 발을 후린다.

▶▶ 상대방의 발을 밀어내듯이 후린다

기술의 이름에서 알 수 있듯이 앞으로 나온 상대의 발을 후리는 기술이다. 상대의 발을 밀어내듯이 후려서 쓰러뜨린다.

상대가 한쪽 발을 내미는 순간을 노려 확실히 밀면서 기울이기를 하는 것이 중요하다. 상대의 발을 후리는 위치는 복사뼈 근처다. 후리는 위치가 높으면 상대가 버틸 수 있기 때문에 제대로 쓰러뜨리지 못한다. 자신의 발바닥 한가운데로 상대의 발을 밀어내듯이 후린다.

당김손(왼손)으로 겨드랑이를 조여서, 후리는 발과 같은 방향으로 향하도록 움직인다.

'기울이기'의 방향

빗자루를 휘두르듯이 발을 후린다.

걷기

4 힘을 죽이지 말고, 후리는 발을 그대로 치켜든다.

5 당김손 쪽 겨드랑이를 조이면서 아래로 떨어뜨린다.

POINT 발을 후리는 타이밍이 중요하다. 상대의 발이 앞으로 나오는 순간을 잘 포착해야 한다. 2인 부딪치기로 연습하면 이러한 감각을 잘 익힐 수 있다. 맞잡은 상태에서 여러 방향으로 움직이면서 상대의 한쪽 발이 앞으로 나오는 순간을 포착하고 발을 건다.

2인 부딪치기로 발을 후리는 타이밍을 확인한다.

메치기 …… 발 기술

안다리후리기

바로 맞잡기 자세에서 가운데깃과 가운데소매를 꽉 잡는다.

하반신을 내리면서 무게중심을 낮춘다.

낚음손으로 상대의 깃을 잡고 크게 벌린다.

가슴과 가슴을 맞댄다.

오른발을 내딛는다.

기울이기의 방향은 상대의 뒤쪽

기울이기　　　　　　　　　　　　　　　**지읏기**

1 무게중심을 낮추면서 오른발을 내딛는다.

2 왼발을 오른발 뒤꿈치 부근으로 끌어당긴다.

3 후리는 발을 상대의 다리 사이로 넣으면서 간격을 좁힌다.

▶▶ 매달리듯이 파고들었다가 발로 원을 그리듯이 후린다

상대의 발을 안쪽에서 후려서 뒤로 쓰러뜨리는 기술이다. 업어치기(64쪽), 허벅다리걸기(94쪽), 밭다리후리기(104쪽) 등과 함께 세계적으로 많이 사용되는 메치기 기술이다.

핵심은 상대에게 매달리듯이 파고들어 무게중심을 한쪽 발(사진에서는 왼발)로 이동시키는 것이다. 이 동작은 상대의 무게중심을 제어하는 동시에 자신의 무게중심을 낮추기 때문에 되치기 당할 위험성을 줄인다. 다시 말해 공격뿐 아니라 방어의 요소도 포함하고 있는 셈이다.

후리는 발(오른발)은 상대의 발을 옆으로 벌리듯이 움직이는데, 마치 원과 같은 궤도를 그리듯이 후린다.

'기울이기'의 방향

발을 후리면서 상대를 강하게 쓰러뜨린다.

후리는 발로 원을 그리듯이

걷기

4 상대의 다리를 벌리면서 후린다.

5 자세가 무너진 상대는 그대로 쓰러지게 된다.

 POINT

안다리후리기는 상대의 발을 후려서 쓰러뜨리는 기술이기 때문에 발에만 신경이 쏠리기 마련이다. 하지만 후리기 전의 기울이기도 발동작 못지않게 중요하다.
상대의 무게중심을 한쪽 발로 이동시키는 것이 중요하며, 의식적으로 상대의 깃을 크게 벌리고 상대에게 매달리듯이 파고들어야 한다.

상대의 깃을 벌리고 매달리듯이 파고들어 균형을 무너뜨린다.

안다리후리기의 발동작 ①

목적 안다리후리기의 발동작을 익히는 연습이다.
상대가 없는 상태에서 크게 원을 그리듯이 발을 움직인다.

순서
① 자연본체 자세로 선다.
② 오른발로 크게 원을 그리듯이 후리는 동작을 반복한다.

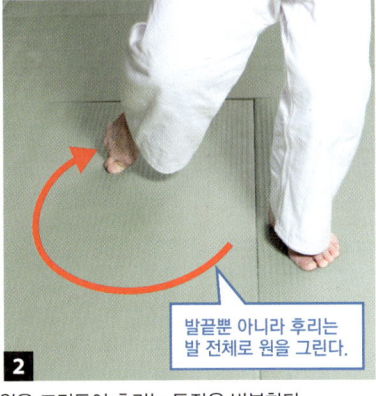

1
2 발끝뿐 아니라 후리는 발 전체로 원을 그린다.

▌어깨너비로 서서 오른발로 크게 원을 그리듯이 후리는 동작을 반복한다.

POINT 후리는 발은 안쪽에서 바깥쪽으로 크게 원을 그리듯이 움직인다. 원을 작게 그리면, 상대의 발을 앞으로 당기며 후리게 되고 자신의 스탠스가 좁아져서 상대에게 되치기 당할 위험이 높아진다.

안다리후리기의 발동작 ②

목적 크게 원을 그리듯이 발을 움직여 상대의 발을 후린다.

순서
① 상대와 바로 맞잡기를 한다.
② 크게 원을 그리는 안다리후리기의 발동작으로 상대의 발을 후린다.

1 어깨너비로 발을 벌리고 선 상대를 두고 그 중심보다 약간 안쪽으로 발을 딛는다.

2 원을 그리면서 상대의 발을 옆으로 넓게 벌리듯이 후린다.

발끝뿐 아니라 후리는 발 전체로 원을 그린다.

POINT 발을 거는 위치에도 주의를 기울인다. 자신의 발목에서 발뒤꿈치까지가 상대의 아킬레스건 부근에 닿도록 한다. 발을 거는 위치가 높으면 상체가 떠서 되치기당할 위험이 높으므로 조심해야 한다.

메치기 …… 발 기술

메뉴 062

역으로 맞잡기 자세에서 안다리후리기

응용

목적 역으로 맞잡기 자세에서는 상대를 비스듬히 기울여 안다리후리기를 건다.

1 역으로 맞잡기 자세에서 가운데깃과 가운데소매를 꽉 잡는다.

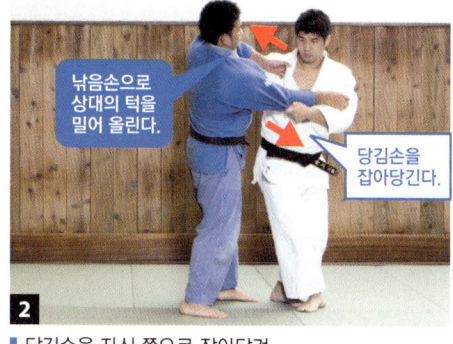

낚음손으로 상대의 턱을 밀어 올린다.

당김손을 잡아당긴다.

2 당김손을 자신 쪽으로 잡아당겨 무게중심을 무너뜨린다.

비스듬히 앞쪽으로 메친다.

3 외발로 서서 상대의 발을 옆으로 올려 상대를 몰아붙인다.

4 비스듬히 앞으로 회전시키며 메친다.

5 낚음손과 당김손을 끝까지 놓지 않는다.

POINT 역으로 맞잡기에서 안다리후리기를 시도할 때는 상대를 자신 쪽으로 비스듬히 잡아당겨 무게중심을 무너뜨린다. 당김손(왼손)을 자신 쪽으로 잡아당기고, 낚음손(오른손)으로 상대의 턱을 쳐올리듯이 밀어낸다. 발을 후릴 때는 상대의 발을 옆으로 올리는 것이 핵심이다. 바로 맞잡기에서 시도할 때보다 자신의 발을 더 높이 올려야 한다. 메칠 때는 외발로 서서 당김손을 더욱 잡아당기고, 낚음손으로 상대의 상체를 밀면서 상대를 몰아붙인다.

메치기 …… 발 기술 　　　　　　　　　　　　　연결기술

메뉴 063 밭다리후리기 → 안다리후리기로 연결하기

목적 밭다리후리기(104쪽)로 상대의 무게중심을 뒤로 기울여서 안다리후리기를 쉽게 걸 수 있도록 한다.

1 바로 맞잡기 자세에서 가운데깃과 가운데소매를 꽉 잡는다.

후리는 발(오른발)을 치켜든다.

2 밭다리후리기로 상대의 발을 벌린다.

낚음손(오른손)과 당김손(왼손)으로 상대가 정면을 향하게 한다.

3 상대의 무게중심이 왼발로 이동하면 안다리후리기를 건다.

메치는 방향을 오른쪽 대각선 방향으로 바꾼다.

4 상대의 발을 옆으로 벌리듯이 후린다.

5 상대는 그대로 쓰러지게 된다.

POINT 밭다리후리기를 걸려고 하면, 상대는 그에 대응해 쓰러지지 않도록 양발을 벌려 버티려고 한다. 이때 왼발에 무게중심이 이동하는 순간 그 왼발을 후리는 것이 이 연결 기술이다. 핵심은 밭다리후리기에서 안다리후리기로 바꿀 때 몸의 각도를 변화시키는 것이다. 밭다리후리기는 상대를 뒤로 쓰러뜨리는 기술이지만, 안다리후리기는 발을 옆으로 넓혀야 하므로 오른쪽으로 45도가량 각도를 바꾸고 후려야 한다.

메치기 …… 발 기술 연결기술

밭다리후리기→안다리후리기로 연결하기의 핵심 ①

목적 밭다리후리기로 상대의 무게중심을 왼발로 이동시킨다.

1 바로 맞잡기 자세에서 가운데깃과 가운데소매를 꽉 잡는다.

2 왼발에 무게중심이 이동되도록 밭다리후리기를 확실히 건다.

POINT 핵심은 온 힘을 다해 밭다리후리기를 하는 것이다. 밭다리후리기가 단순한 속임 동작이기는 하지만, 그 사실을 상대에게 들킨다면 아무런 의미가 없다.
양손으로 상대를 단단히 잡고 무게중심을 무너뜨린 후, 밭다리후리기로 한판을 빼앗겠다는 마음으로 발을 크게 치켜들어서 빈틈없이 기술을 시도한다.

메치기 …… 발 기술 연결기술

밭다리후리기→안다리후리기로 연결하기의 핵심 ②

목적 낚음손의 운동 방향을 다르게 함으로써 무게중심을 무너뜨린다.

1 밭다리후리기에서는 낚음손으로 상대의 턱을 밀어 올린다.

2 안다리후리기에서는 낚음손으로 당겨 내린다.

POINT 밭다리후리기에서는 낚음손을 밀어 올리고, 안다리후리기에서는 상대에게 매달리듯이 당겨 내려서 상대의 무게중심을 교묘하게 제어한다. 낚음손을 끊임없이 움직여서 기술을 원활히 연결할 수 있도록 한다.

메치기 …… 발 기술

발목받치기

- 상대의 양팔을 들어 올린다.
- 상대를 앞오른모로 끌어당긴다.
- 기울이기의 방향은 상대의 앞오른모 **기울이기**
- 오른발을 내딛는다.
- 발바닥 아치 부분으로 발목을 받친다. **지읏기**

1 여기에서는 오른쪽 앞으로 회전 몸쓰기를 소개한다. 가운데 깃과 가운데소매를 꽉 잡는다.

2 오른발을 내딛고, 낚음손과 당김손을 당겨 상대가 까치발로 서도록 만든다.

3 상대를 끌어당기면서 상대의 발에 발바닥을 댄다.

▶▶ 상대를 양팔로 들어 올리고 발바닥을 대서 메친다

상대를 양팔로 추켜올리면서 크게 잡아당기고, 자신의 발바닥을 상대의 발에 대고 메치는 기술이다. 메칠 때 자신의 몸을 크게 비틀어 상대를 자신의 뒤쪽으로 메치게 된다.

단급을 가리지 않고 세계적으로 널리 사용되는 기술로, 밭다리후리기(104쪽)나 빗당겨치기(76쪽) 등의 기술로 연결하는 모습도 자주 볼 수 있다.

기술의 핵심은 낚음손(오른손)과 당김손(왼손)을 들어 올려 상대방이 만세를 부르는 자세가 되도록 함으로써 무게중심을 무너뜨리는 것이다. 상대가 까치발로 서도록 단숨에 들어 올린다. 이렇게 들어 올리는 힘을 이용해서 메치게 된다.

'기울이기'의 방향

걸기

| 4 | 원심력을 이용해서 상대방을 자신의 뒤쪽으로 메친다. | 5 | 낚음손과 당김손을 끝까지 놓지 않는다. |

POINT 상대가 만세를 부르는 자세가 되도록 만듦으로써 무게중심을 무너뜨리는 것이 핵심이다. 비결은 자신의 무게중심을 살짝 낮추고 상대가 까치발로 서도록 해서 단숨에 잡아당기는 것이다. 이때 당김손이 낮으면 자세를 무너뜨릴 수 없다. 자신은 발돋움하지 않고, 상대를 오른쪽 비스듬히 앞으로 미끄러뜨리듯이 끌어당긴다.

발을 후릴 때 당김손을 높게 해야 한다.

메치기 …… 발 기술

발뒤축후리기

> 낚음손과 당김손을 자동차 핸들처럼 돌린다.

> 상대의 왼쪽 어깨를 내린다.

> 상대의 발뒤꿈치 부근을 건다.

> 발뒤꿈치를 발바닥으로 후린다.

기울이기 │ 지읏기

1 바로 맞잡기 자세에서 가운데깃과 가운데소매를 꽉 잡는다.

2 낚음손을 위로 올리고 당김손으로 상대의 어깨를 내려서 무게중심을 왼발로 이동시킨다.

3 상대의 발뒤꿈치에 자신의 발바닥을 대고 후린다.

▶▶ **상대방의 발뒤꿈치를 자신의 발바닥으로 후려서 쓰러뜨린다**

세계적으로 널리 사용되는 기술로, 업어치기(64쪽)로 연결하는 등 활용도가 높다.

기울이기에서는 낚음손(왼손)과 당김손(오른손)을 자동차 핸들 돌리듯이 연동시키는 것이 핵심이다. 바로 맞잡기 자세에서 상대를 후리는 쪽 어깨를 당김손으로 내리고 낚음손을 비스듬히 위쪽으로 올림으로써 기울이기를 완성할 수 있다.

후릴 때 발을 대는 위치는 상대의 발뒤꿈치 부근이다. 위치가 너무 높으면 제대로 후릴 수 없는 경우가 많다. 기울이기를 할 때의 핸들 동작을 그대로 유지하면서 상대를 회전시켜 엉덩방아를 찧게 만든다.

'기울이기'의 방향

상대를 자신의
앞에서 회전시킨다.

걸기

| 4 | 상대를 자신의 앞에서 회전시킨다. | 5 | 낚음손과 당김손을 끝까지 놓지 않는다. |

POINT 자동차 핸들 돌리듯이 낚음손과 당김손을 움직여서 자세를 무너뜨린다. 그 기세로 발을 후려서 상대를 쓰러뜨리는데, 이때 허리를 확실히 집어넣는 것도 중요하다. 허리가 뒤로 빠지면 상대와의 거리가 너무 멀어져서 메치는 힘이 충분히 전달되지 않는다.

허리가 뒤로
빠져 있으면
힘이 제대로
전달되지 않는다.

메치기 …… 자세

역으로 맞잡기 자세에서 발뒤축후리기

 역으로 맞잡기 자세에서는 후리는 발이 상대와 가까우므로 더욱 신속하게 기술을 넣을 수 있다.

1 역으로 맞잡기 자세에서 가운데깃과 가운데소매를 꽉 잡는다.

2 왼쪽으로 이동하면서 낚음손(왼손)과 당김손(오른손)을 연동시켜서 무게중심을 무너뜨린다.

3 양손을 자동차 핸들 돌리듯이 움직이면서 발을 후린다.

4 양손을 왼쪽으로 돌리면서 메친다.

 POINT 발뒤축후리기는 바로 맞잡기 자세보다 후리는 발이 상대적으로 가까운 역으로 맞잡기 자세에서 더욱 자주 사용된다. 크게 돌면서 후릴 필요가 없기 때문이다.
바로 맞잡기에서와 마찬가지로 상대의 무게중심을 확실히 무너뜨린 후 허리를 집어넣어서 기술을 건다.

허리를 확실히 집어넣는다.

허리가 뒤로 빠지면 안 된다.

메치기 …… 발 기술　　　　　　　　　　　응용

메뉴 067 역으로 맞잡기 자세에서 발뒤축걸기

목적 　발뒤축후리기와 동일하게 기울이기를 한 후, 발을 걸어서 뒤로 쓰러뜨린다.

발을 걸어서 쓰러뜨린다.

발뒤축후리기와 동일한 방법으로 상대를 기울인 후,
상대의 발뒤꿈치를 걸어서 쓰러뜨린다.

POINT 기울이기까지는 발뒤축후리기와 같다. 다른 점은 발을 휘둘러 후리는 것이 아니고, 걸어서 쓰러뜨린다는 점이다. 발을 건 후에 자신의 몸을 상대에게 맡기듯이 무너뜨리면 상대를 확실히 메칠 수 있다. 외국 선수가 자주 사용하는 기술 가운데 하나다.

메치기 …… 발 기술　　　　　　　　　　　기본

메뉴 068 발뒤축후리기 2인 부딪치기

목적 　실제 시합처럼 맞잡고 발뒤축후리기 동작을 반복한다.

순서

① 바로 맞잡기 자세에서 상대와 함께 사방으로 움직인다.
② 타이밍을 살피다가 상대의 왼쪽으로 파고들면서 발뒤축후리기를 실시한다.

바로 맞잡기 자세에서
가운데깃과 가운데소매를 꽉 잡는다.

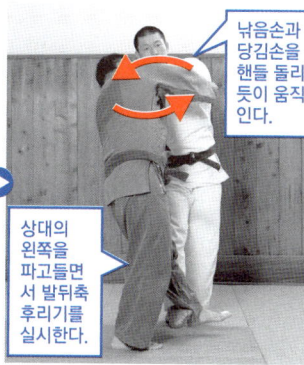

낚음손과 당김손을 핸들 돌리듯이 움직인다.

상대의 왼쪽을 파고들면서 발뒤축후리기를 실시한다.

양손을 자동차 핸들 돌리듯이 움직이면서 발을 후린다.

POINT 두 사람이 호흡을 맞춰 움직인다. 처음에는 천천히 실시하다가 익숙해지면 속도를 높인다. 역으로 맞잡기 자세에서도 동일하게 실시해본다.

메치기 ······ 발 기술

안뒤축후리기

낚음손과 당김손으로 잡아당기면서 간격을 좁힌다.

발바닥으로 상대의 아킬레스건을 후린다.

기울이기   지웃기

상대의 아킬레스건을 후린다.

1 바로 맞잡기 자세에서 가운데깃과 가운데소매를 꽉 잡는다.

2 오른발을 내딛자마자 왼발을 이어 디뎌서 간격을 좁힌다.

3 상대가 반발해서 왼발을 물러서는 순간에 오른발을 후린다.

▶▶ 발바닥으로 상대의 발 안쪽을 후린다

발바닥으로 상대의 발 안쪽을 후리는 발 기술이다. 후리는 발이 오른발인 경우에는 상대의 오른발을 후리고, 후리는 발이 왼발인 경우에는 상대의 왼발을 후리게 된다. 대각선 앞에 있는 발을 후리는 셈이다. 속임 동작으로 활용되어 다음 연결 기술로 이어지는 등, 시합을 주도적으로 이끌어가는 기능도 담당한다. 국제 대회에서도 자주 볼 수 있는 보편적인 기술이다.

상대를 몰아붙여서 기술을 거는 방법과 상대가 앞으로 나올 때 기술을 거는 방법이 있다. 상대를 몰아붙여서 기술을 거는 경우에는 앞으로 내디딘 후 낚음손(오른손)을 확실히 잡아당기는 것이 중요하다. 그러면 상대가 그에 반발해 몸을 뒤로 젖히게 되는데, 이 순간을 포착해서 발을 후려야 한다.

'기울이기'의 방향

낚음손으로 밀어낸다.

후리는 발로 상대의 발을 벌리듯이 옆으로 당긴다.

걷기

4 낚음손으로 상대의 턱을 밀쳐 올리면서 발을 후린다.

5 자세가 무너진 상대는 그대로 쓰러지게 된다.

> **POINT** 안뒤축후리기를 걸 때는 받다리후리기(104쪽)의 경우처럼 낚음손으로 상대의 턱을 밀쳐 올린다. 이때 위팔은 매트와 수직이 되도록 세워 상대의 몸에 밀착시킨다. 당김손(왼손)은 안쪽으로 밀어 넣듯이 당긴다.

낚음손의 위팔이 매트와 수직이 되도록 세운다.

메치기 …… 발 기술 | 기본

안뒤축후리기의 핵심 ①

목적 ▶ 안뒤축후리기의 기본은 상대를 향해 똑바로 파고들어 뒤쪽으로 확실히 쓰러뜨리는 것이다.

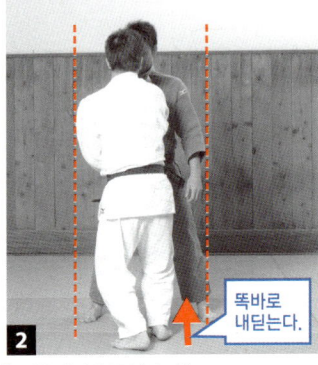

1 바로 맞잡기 자세에서 가운뎃깃과 가운데소매를 꽉 잡는다.

2 기울이기에 들어갈 때는 발을 똑바로 내딛는다.

POINT 안뒤축후리기는 상대의 정면으로 똑바로 발을 내디뎌야 뒤쪽으로 확실히 쓰러뜨릴 수 있다. 앞으로 내디뎌서 간격을 좁히는 속도도 중요하다. 오른발을 내딛자마자 곧바로 왼발을 이어 디뎌서 후리는 동작에 들어가야 한다. 동작이 늦으면 상대가 자세를 정비하고 방어할 가능성이 높아진다.

메치기 …… 발 기술 | 기본

안뒤축후리기의 핵심 ②

목적 ▶ 발을 후릴 때는 허리를 집어넣는다.

가슴과 등을 펴고 허리를 집어넣은 자세로 발을 후린다.

POINT 허리가 뒤로 빠진 자세로 상대의 발을 후리려고 하면 기술이 실패하거나 나오는발차기(116쪽)로 되치기를 당할 수 있다.

허리를 뒤로 빼면 안 된다.

메치기 …… 발 기술   기본

뒤로 몸쓰기로 안뒤축후리기

상대가 앞으로 나오는 순간에 안뒤축후리기를 건다.

1 바로 맞잡기 자세에서 가운데깃과 가운데소매를 꽉 잡는다.

왼발을 뒤로 뺀다.

2 상대가 무게중심을 이동하면 왼발을 뒤로 빼면서, 앞으로 나온 상대의 오른발을 후린다.

3 낚음손(오른손)으로 상대를 밀면서 상대의 발을 벌리듯이 후려 쓰러뜨린다.

4 균형이 무너진 상대는 그대로 쓰러지게 된다.

POINT 상대가 한 걸음 앞으로 내디뎠을 때를 노려서 그 발을 후리는 안뒤축후리기 기술이다. 핵심은 발을 후리는 타이밍이다. 상대가 발을 내딛는 순간(무게중심이 이동하기 전) 지체 없이 자신의 발바닥 한가운데로 상대의 발뒤꿈치 부근을 건다.

상대가 발을 내딛는 순간을 노린다.

메치기 ······ 발 기술

무릎대돌리기

상대의 양팔을 들어 올린다.

낚음손으로 확실히 잡아당긴다.

기울이기의 방향은 상대의 앞쪽

기울이기

무릎 아래쪽에 발바닥을 댄다.

지웃기

1 바로 맞잡기 자세에서 가운데깃과 가운데소매를 꽉 잡는다.

2 왼발을 뒤로 빼고, 낚음손과 당김손을 당겨 상대가 까치발로 서게 만든다.

3 상대를 잡아당기면서 상대의 무릎 아래에 발바닥을 댄다.

▶▶ 상대의 무릎 아래에 발바닥을 대서 메친다

상대를 까치발로 서게 만들고 힘껏 잡아당기면서 무릎 아래를 발바닥으로 밀어 메치는 기술이다. 발목받치기(124쪽)와 비슷하지만, 발바닥을 대는 위치가 다르다(발목받치기는 상대의 발등처럼 낮은 위치에 발바닥을 댄다). 상황에 따라서 적절한 기술을 선택해 사용하면 된다.
일반적으로는 바로 맞잡기 자세일 때 상대가 오른

발을 뒤로 뺀 상태에서는 발목받치기보다 무릎대돌리기를 시도하는 것이 더 효과적이다.
발 기술은 기술을 거는 타이밍이 중요하다. 메뉴 68의 발뒤축후리기 2인 부딪치기처럼, 무릎대돌리기에서도 실제로 상대와 맞잡고 사방으로 움직이면서 기술을 걸 타이밍을 연습하는 것이 좋다.

'기울이기'의 방향

걸기

4 원심력을 이용해서 상대를 자신의 뒤쪽으로 메친다.

5 낚음손과 당김손을 끝까지 놓지 않는다.

POINT 상체를 사용하는 방법은 발목받치기와 동일하며, 핵심은 낚음손(오른손)과 당김손(왼손)으로 상대를 확실히 제어하는 것이다. 발을 건 후의 손동작은 자동차 핸들을 돌리는 듯한 느낌으로 움직인다. 무릎대돌리기는 상대를 회전시키는 받침점이 무릎 부근으로, 발목받치기보다 높기 때문에 상대가 버티기 쉽다. 그래서 손동작이 더욱 중요하다.

자동차 핸들 돌리듯이 손을 움직인다.

135

메치기 …… 누우며 메치기 기술

기술 설명

배대뒤치기

| 1 | 바로 맞잡기 자세에서 가운데깃과 가운데소매를 꽉 잡는다. | 2 | 상대를 잡아당기면서 엉덩이를 낮춘다. |

기울이기

기울이기의 방향은 상대의 앞오른모

▶▶ 상대와 자신이 하나의 원이 되어 회전한다

상대를 잡아당기고 발로 떠받쳐서 스스로 회전하면서 뒤로 메친다. 대표적인 누우며 메치기 기술로 세계적으로 널리 사용된다. 몸놀림이 가벼운 경량급 선수에게 적합한 기술이라고 할 수 있다. 특히 상대가 허리를 뒤로 뺀 방어 자세일 때 이 기술을 걸면 효과적이다.
원운동을 한다는 느낌으로 실시하면 좋다. 이를 위해서는 상대와 자신을 하나의 공처럼 둥글게 마는 것이 핵심이다. 회전할 때 특히 주의해야 할 것은 엉덩이를 대는 매트의 위치다. 상대를 양손으로 잡아당기면서 상대의 바로 아래를 파고들듯이 엉덩이를 내린다. 엉덩이의 위치가 상대와 너무 멀면 전체적인 형태가 원이 아니라 네모가 되고 만다.

'기울이기'의 방향

낚음손으로 비스듬히 오른쪽 위로 잡아당긴다.

공처럼 원을 그리는 자세를 취한다.

손을 놓지 말고 상대를 끝까지 제어한다.

엉덩이를 대는 위치는 상대의 바로 아래

지읏기 → 걷기 →

3 엉덩이를 내리면서 왼쪽 발바닥을 상대의 오른쪽 띠 아래에 댄다.

4 낚음손과 당김손, 발의 움직임을 연동시키면서 뒤로 메친다.

POINT 상대를 메칠 때 발을 대는 위치는 상대의 띠 매듭에서 약간 아랫부분이다. 이 부분에 댄 발을 원의 중심이라고 생각하고, 낚음손(오른손)과 당김손(왼손)을 잡아당기면서 상대와 자신을 하나의 원처럼 만든다. 무릎은 되도록이면 펴는 것이 좋다.

발을 대는 위치는 상대의 띠 매듭에서 약간 아랫부분

메치기 …… 누우며 메치기 기술

응용

비스듬히 배대뒤치기

 바로 맞잡기 자세에서 자신의 당김손 쪽으로 상대를 메친다.

1 바로 맞잡기 자세에서 가운데깃과 가운데소매를 꽉 잡는다.

당김손을 옆으로 당긴다.

2 자신의 당김손 쪽으로 상대를 기울인다.

자동차 핸들을 돌리듯이 손을 움직인다.

3 상대의 무게중심이 이동한 순간에 배대뒤치기에 들어간다.

4 자신의 왼쪽 대각선 뒤로 메친다.

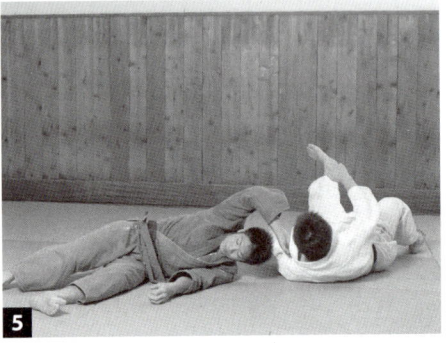

5 최종적으로 상대는 왼쪽으로 메쳐진다.

POINT 오른쪽 바로 맞잡기에서는 서로의 오른발이 앞으로 나오고 왼쪽 바로 맞잡기에서는 서로의 왼발이 앞으로 나오는데, 그 자세를 이용해서 대각선 위로 메치는 기술이다. 상대가 앞으로 내민 발로 무게중심을 이동시켜서 메치는 기술이기 때문에, 최종적으로 메치는 위치는 자신의 당김손(왼손) 쪽 대각선 방향이 된다. 기본적인 배대뒤치기와는 다른 방향으로 메치기 때문에 상대의 의표를 찔러 방어 자세를 취할 수 없도록 만들려는 목적도 있다. 단, 기술을 구사할 때 상대의 중심 이동이 없으면, '위장 공격'으로 간주되어 지도를 받을 수 있기 때문에 주의해야 한다.

반대쪽 발로 배대뒤치기

136~137쪽에서 소개한 기본적인 배대뒤치기와 달리, 낚음손(오른손) 쪽의 발을 상대의 띠에 대고 메친다. 낚음손 쪽의 발을 사용하기 때문에 최종적으로는 자신의 오른쪽 방향으로 메치게 된다. 낚음손과 발동작이 연동하므로 기술을 걸기 쉽고, 낚음손에 가까운 위치로 메치기 때문에 낚음손으로 제어하기도 쉽다는 이점이 있다. 74쪽이나 103쪽의 기술과 마찬가지로 나카야 리키 선수가 즐겨 사용하는 기술이다.

1 바로 맞잡기 자세에서 가운데깃과 가운데소매를 꽉 잡는다.

2 자신의 낚음손 쪽으로 상대의 무게중심을 이동시킨다.

자신의 낚음손 쪽 발을 댄다.

3 낚음손 쪽 발을 상대의 띠에 대고 배대뒤치기에 들어간다.

4 자신의 낚음손 쪽 옆 방향으로 메친다.

 POINT 일반적인 배대뒤치기는 당김손 쪽 발을 상대의 띠에 대지만, 여기에서 소개하는 기술은 낚음손(오른손) 쪽 발을 띠에 대서 메친다. 나카야 리키 선수가 이 기술을 사용하는 이유는 오른발잡이이기 때문이다. 기본 기술을 익힌 후에는 자신의 특성에 따라 그 기술을 발전시키는 것도 유도의 재미 가운데 하나다.

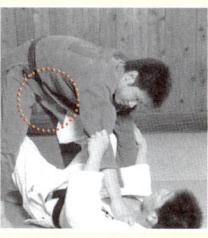

낚음손 쪽 발을 댄다.

보통은 당김손 쪽 발을 댄다.

메치기 …… 누우며 메치기 기술

안오금띄기

> 상대의 무게중심이 왼발로 이동하는 순간, 뒤로 쓰러진다.

기울이기

> 기울이기의 방향은 상대의 앞오른모

1 역으로 맞잡기 자세에서 깃과 소매를 꽉 잡는다.

2 상대의 허벅지 안쪽 부근에 발을 넣고, 자신의 뒤로 무게중심을 내린다.

▶▶ 상대의 다리 사이에 발을 넣고 후방으로 메친다

상대의 다리 사이에 발을 넣고 스스로 뒤쪽으로 쓰러지면서 후방으로 메치는 기술이다. 배대뒤치기(136쪽)와 비슷하지만, 발을 사용하는 방법이 다르다. 배대뒤치기는 상대의 띠 부근에 발바닥을 대고 메치지만, 안오금띄기는 상대의 허벅지 안쪽 부근에 발등을 대고 메친다. 국제 대회에서도 자주 볼 수 있는 기술 가운데 하나다.

중요한 점은 발을 상대의 허벅지 안쪽 부근에 대면서 끌어당기고, 엉덩이를 매트에 내리는 것이다. 발을 대고, 상대가 한쪽 발에 무게중심을 이동시키는 순간 뒤쪽으로 쓰러진다. 배대뒤치기는 양손으로 기울이지만, 안오금띄기는 발을 걸어서 상대의 무게중심이 더욱 쉽게 무너지도록 한다.

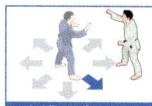
'기울이기'의 방향

손을 끝까지 놓지 않는다.

공처럼 굴린다.

자신과 상대가 하나의 원이 되어 회전한다.

`지읏기`

엉덩이를 대는 위치는 상대의 바로 아래

`걸기`

3 엉덩이를 내리고 상대를 자신의 뒤쪽으로 메친다.

4 자세를 계속 유지하면서 상대를 끝까지 메친다.

> **POINT** 배대뒤치기에서도 마찬가지지만, 상대의 유도복을 끝까지 잡고 제어하는 것이 기본이다. 또한 누우며 메치기 기술은 완전히 메치지 못하고 도중에 자세가 무너지는 일이 많으므로, 그런 상황을 대비해 기술을 건 후 곧바로 굳히기 기술로 이행할 준비도 해야 한다. 유도복을 놓지 않고 꽉 잡고 있으면 굳히기 기술로 원활하게 이행할 수 있다.

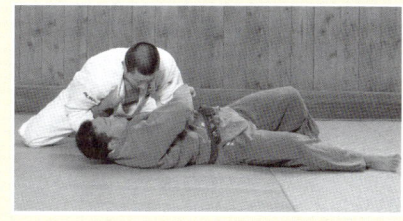
기술을 건 다음에는 곧바로 굳히기 기술로 이행할 준비를 한다.

메치기 …… 누우며 메치기 기술   기본 응용

밀착한 상태에서 안오금띄기

목적 ▶ 상대와 붙어 있어 맞잡기 자세를 취하지 못하는 상태에서 안오금띄기에 들어간다.

1 맞잡기 자세를 취할 수 없는 밀착된 상황에서, 상대의 등(띠)을 잡고 당김손으로 소매를 잡는다.

오른발을 찔러 넣는다.

2 상대에게 몸을 대고, 다리 사이에 발을 찔러 넣는다.

3 스스로 뒤로 쓰러지며 상대를 메친다.

4 자신의 오른쪽으로 메친다.

POINT
여기에서 소개하는 기술은 상대가 맞잡기를 거부하거나 밀착해 있어 몸을 잘 움직이지 못하는 상태를 타개하기 위해 안오금띄기를 구사하는 방법이다. 오른손으로 등 쪽의 띠를 잡고 당김손(왼손)으로 소매를 잡아서 자신 쪽으로 끌어당기면서 무게중심을 옆으로 이동시킨다. 이 동작으로 상대를 기울이고 허벅지 안쪽 부근에 자신의 발등을 댄 후, 스스로 쓰러져서 상대를 메친다. 메치는 방향은 자신의 뒤쪽이 아니라, 자신의 오른쪽이다. 메친 후에는 상대와 팔자(八) 모양이 되도록 한다. 밀착되어 있기 때문에 상대와 만드는 원의 크기는 기본적인 기술보다 약간 작아진다.

메치기 …… 누우며 메치기 기술 　　　　　응용

메뉴 074 상대의 메치기 기술을 되치는 안오금띄기

목적 업어치기(64쪽) 등의 메치기 기술을 되치는 기술로서 안오금띄기를 사용한다.

1 상대가 무릎을 꿇고 업어치기를 시도한다.

상대의 앞으로 돌아 나온다.

2 업어치기를 버틴 후, 상대의 앞으로 돌아 나와서 상대의 양 무릎 사이에 왼발을 넣는다.

3 스스로 뒤로 쓰러지며 안오금띄기에 들어간다.

4 낚음손과 당김손으로 제어하면서 메친다.

5 자신의 뒤쪽으로 메친다.

POINT 안오금띄기는 업어치기를 되칠 때 자주 사용되는 기술이다. 상대가 업어치기를 하다가 균형이 무너지거나 양 무릎을 꿇으면 안오금띄기를 시도할 절호의 기회가 된다. 또한 안오금띄기는 굳히기 기술에 들어가고 싶을 때 상대의 자세를 무너뜨리는 데도 자주 사용된다. 다만 배대뒤치기와 마찬가지로, 기술을 구사할 때 상대의 중심 이동이 없으면 '위장 공격'으로 지도가 주어지기 때문에 주의해야 한다.

메치기 …… 누우며 메치기 기술

기술 설명

누우면서던지기

- 낚음손(오른손)을 등에 감는다.
- 상체를 앞으로 숙이지 말고, 양 무릎을 굽혀서 무게중심을 내린다.
- 무를 뽑아내듯이 잡아 올린다.

기울이기　　지읏기

1 역으로 맞잡기 자세에서 깃과 소매를 꽉 잡는다.

2 상대가 시도한 메치기 기술을 잘 버텨낸다.

3 그 자세를 유지하면서 상대를 들어 올린다.

▶▶ **상대를 잡아 올리는 호쾌한 메치기 기술**

상대의 메치기 기술을 허리로 버티고, 양팔로 들어 올려 뒤로 던진다. 무를 뽑아내듯이 상대를 잡아 올리는 매우 호쾌한 기술이다. 외국인 선수가 힘을 활용해서 자주 사용하는 기술로, 상대의 기술을 버티고 반격하는 '되치기'의 대표 기술이라 할 수 있다. 상대를 잡아 올리기 때문에 다리와 허리 및 몸통의 힘이 요구된다.

뒤로 메치는 기술이므로 상대는 물론 자신도 위험할 수 있다. 따라서 초급자에게는 추천하기 어려운 상급자용 기술이다. 실제로 상대를 메치는 연습을 할 때도 보조자가 필요하다.

'기울이기'의 방향

상대가 부상을 당하지 않도록 끝까지 제어한다.

걸기

4 등을 젖혀서 자신의 뒤쪽으로 상대를 던진다.

5 양손을 끝까지 놓지 않는다.

POINT 상대의 기술을 잘 버틴 후 상대를 잡아 올리기 위해서는 타이밍이 중요하다. 이 기술을 습득하려면 2인 부딪치기로 반복 연습을 해야 한다. 일단 상대의 기술을 버티고 걸기에 들어가기 직전까지를 연습한다(실제로 메치지 않는다). 그리고 다음 단계에서 잡아 올리는 동작을 연습하면서 근력을 강화한다.

역으로 맞잡기 자세에서 상대의 기술을 버텨낸다.

메치기 …… 누우며 메치기 기술

모로띄기

| 1 | 바로 맞잡기 자세에서 가운데깃과 가운데소매를 꽉 잡는다. | 2 | 당김손을 올려서 상대의 자세를 무너뜨리면서 무게중심을 오른발로 이동시킨다. | 3 | 순식간에 허리를 내리고 왼쪽 장딴지로 상대의 오른발을 건다. |

▶▶ 상대의 시야에서 사라지면서 기술을 건다

허리를 낮추고 엉덩이를 매트에 대면서 당김손 방향으로 메치는 기술이다. 상대의 시야에서 한순간에 사라지면서 장딴지로 상대의 발을 걸어 균형을 무너뜨린다.
안뒤축후리기(130쪽)나 안다리후리기(118쪽) 공격을 받을 때 이 기술을 사용하면 효과적이다. 요즘은 이 기술을 사용하는 선수가 예전에 비해 많지 않은데, 그 이유는 매트에 앉는 동작이 부담스러운 데다 비슷한 동작으로 이보다 더 간편한 어깨로메치기(148쪽)를 사용하는 선수가 늘어났기 때문으로 여겨진다.

'기울이기'의 방향

걸기

4 당김손을 당겨 상대의 자세를 무너뜨린다.

5 당김손 방향으로 메친다.

POINT 상대의 오른발에 무게중심이 이동하면 자신의 엉덩이를 내려, 걸기에 들어간다. 이때 발을 거는 부분은 장딴지로, 상대의 발등에 대듯이 걸어 자세를 무너뜨린다. 반대쪽 다리는 무릎을 굽혀서 균형을 유지한다.

장딴지로 상대의 발을 건다.

메치기······ 손 기술

기본 | 응용 | 연결기술

메뉴 075 어깨로메치기

목적 상대의 겨드랑이 밑에 머리를 넣고, 찔러 넣은 발을 받침점으로 삼아 뒤로 메친다.

1 역으로 맞잡기 자세에서 가운뎃깃을 꽉 잡는다.

가운뎃깃을 잡는다.

양손과 머리로 상대의 상반신을 고정한다.

2 당김손으로 왼쪽 소매를 잡고, 겨드랑이 밑으로 머리를 넣는다.

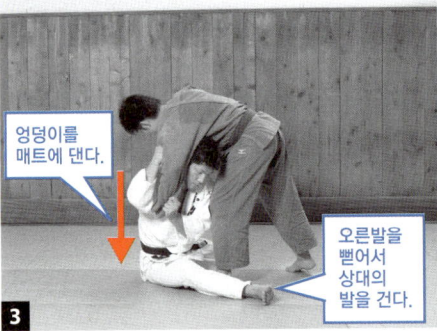

엉덩이를 매트에 댄다.

오른발을 뻗어서 상대의 발을 건다.

3 엉덩이를 매트에 대고 상대의 왼발을 건다.

4 양손을 자신 쪽으로 당기면서 몸을 맡기는 듯한 느낌으로 회전한다.

5 상대를 자신의 뒤쪽으로 메친다.

POINT 모로띠기와 마찬가지로 자신의 엉덩이를 매트에 대고 상대의 자세를 무너뜨리는데, 어깨로메치기는 누우며 메치기 기술이 아니라 손 기술로 분류된다. 이전에는 깃과 상대의 가랑이를 잡고 어깨에 실어 메치는 방법이 기본이었지만, 국제유도연맹 시합 심판 규정이 변경됨에 따라 하의를 잡는 방법이 금지되었다. 따라서 규정 위반을 피하기 위해 이처럼 양손과 머리로 상대의 겨드랑이 밑을 파고들어 상체를 고정하고, 발을 사용해 메치는 방법을 구사하고 있다.

제5장

굳히기

HOLD DOWN TECHNIQUES

굳히기에는 누르기 기술, 조르기 기술, 꺾기 기술이 있다.
그중에서도 기본이 되는 것이 누르기 기술이다.
몸을 밀착시켜서 상대를 제압하고
균형이 무너지지 않도록 유연하게 대응하는 움직임이 필요하다.

굳히기 …… 유도를 이해하기 위해

굳히기의 기초 지식

▶▶▶ 굳히기란?

굳히기란 상대의 몸(움직임)을 제압함으로써 한판을 따내는 기술이다. 오직 누운 자세에서만 실시하는 기술로 생각하기 쉽지만, 정확히는 선 자세에서 실시하는 굳히기 기술과 누운 자세에서 실시하는 굳히기 기술로 나눌 수 있다(조르기 기술은 선 자세에서 실시하는 경우도 있다).

▶▶▶ 굳히기의 종류

굳히기는 '누르기 기술', '조르기 기술', '꺾기 기술'로 구성된다. 그중에서도 기본이 되는 기술이 누르기 기술이다. 상대를 꼼짝 못하게 누름으로써 시합을 유리하게 이끌어나갈 수 있다(단, 초등부는 누르기 기술만 허용되고 조르기 기술과 꺾기 기술은 금지하고 있다).

굳히기의 종류

❶ 누르기 기술
상대를 눌러서 고정하는 기술이다. 누르기 기술의 기준은 다음과 같다.

① 눌린 선수가 상대에 의해 제압당해서 매트에 등, 양쪽 어깨 또는 한쪽 어깨가 닿을 것.
② 몸의 옆쪽, 머리 위, 몸의 위쪽 위치에서 제압할 것.
③ 누르는 선수는 상대의 발에 의해 자신의 발 또는 몸 전체가 감기지 않을 것.
④ 누르는 선수는 상대를 옆이나 위로 누르는 자세여야 함. (예) 곁누르기, 위누르기

참고로, 국제유도연맹 시합 심판 규정에서는 2013년도부터 주심에 의해 '누르기'가 선언된 경우 양 선수가 장외로 나가도 '누르기'가 지속된다. 조르기 기술과 꺾기 기술도 기술의 효과가 인정되는 경우에는 양 선수가 장외로 나가도 기술이 중단되지 않고 지속된다.

이 책에 실린 누르기 기술
- 위누르기⇒154쪽
- 가로누르기⇒158쪽
- 세로누르기⇒164쪽
- 어깨누르기⇒170쪽
- 곁누르기⇒174쪽

❷ 조르기 기술
상대의 경동맥을 압박하는 등 상대를 항복시켜서 한판을 따내는 기술이다. 손가락으로 압박하는 방법은 금지되어 있다.

이 책에 실린 조르기 기술
- 안아조르기⇒178쪽

❸ 꺾기 기술
관절을 꺾음으로써 상대를 항복시켜서 한판을 따내는 기술이다. 팔 관절 꺾기만 인정된다.

이 책에 실린 꺾기 기술
- 팔가로누워꺾기⇒184쪽
- 팔얽어비틀기⇒190쪽

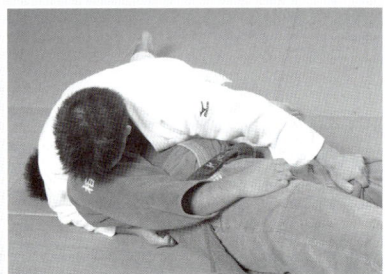

가로누르기는 대표적인 누르기 기술이다.

▶▶▶ 누르기 기술의 핵심

굳히기의 기본이 되는 누르기 기술은 상대의 위쪽에 위치하는 우위의 자세가 되었을 때 몸을 밀착시켜 지속적으로 압력을 가하는 것이 핵심이다.

상대의 신체 가운데 세 부위를 눌러 압박한다. 위누르기를 예로 들면, 오른손과 왼손으로 상대의 옆띠를 각각 잡아 누르고 배로 상대의 얼굴을 누른다.

이 세 부위를 연결한

눌러야 하는 세 지점을 의식한다.

상대의 얼굴을 누르는 배

상대의 띠를 잡은 오른손

상대의 띠를 잡은 왼손

삼각형의 면적이 클수록 상대는 빠져나오기 어렵다. 이때 힘을 넣기 쉬운 양손에만 의식이 집중되기 쉬운데, 그 양손을 지탱하는 몸통이나 하반신 등 다른 부위(위누르기에서는 배)에도 주의를 기울여야 한다.

▶▶▶ 조르기 기술과 꺾기 기술의 주의사항

조르기 기술이나 꺾기 기술은 부상의 위험이 따르므로, 초등학생은 이 두 기술의 사용을 금지하고 있다. 그만큼 조르기 기술이나 꺾기 기술을 연습할 때는 서로 부상을 당하지 않도록 충분히 배려하는 것이 중요하다.

또한 연습이든 시합이든 위험하다고 느끼면 자유로운 손으로 상대나 매트를 쳐서 '항복'의 의사 표시를 한다. 기술을 건 선수는 항복의 의사 표시를 받으면 즉시 기술을 풀어야 한다.

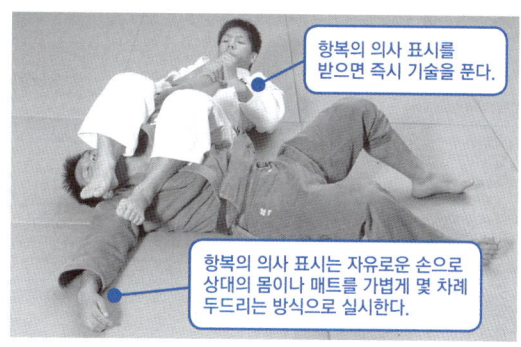

항복의 의사 표시를 받으면 즉시 기술을 푼다.

항복의 의사 표시는 자유로운 손으로 상대의 몸이나 매트를 가볍게 몇 차례 두드리는 방식으로 실시한다.

굳히기 ····· 유도를 이해하기 위해

팔누르기

▶▶▶ 팔누르기란?

상대의 상의 자락을 잡고 상대의 팔을 고정하는 테크닉을 '팔누르기'라고 한다. 상대의 유도복을 이용한다는 점에서 매우 유도다운 테크닉이라고 할 수 있다.

팔누르기 자체는 한판을 따내기 위한 누르기 기술이 아니지만, 활용 방법에 따라 가로누르기(158쪽) 등의 기술로 연결하기 쉽다. 즉, 상대에게 틈이 생기면 일단 팔누르기로 한쪽 팔의 자유를 빼앗는 것도 누운 자세에서의 공방에서 우위를 점하는 효과적인 방법이라고 할 수 있다.

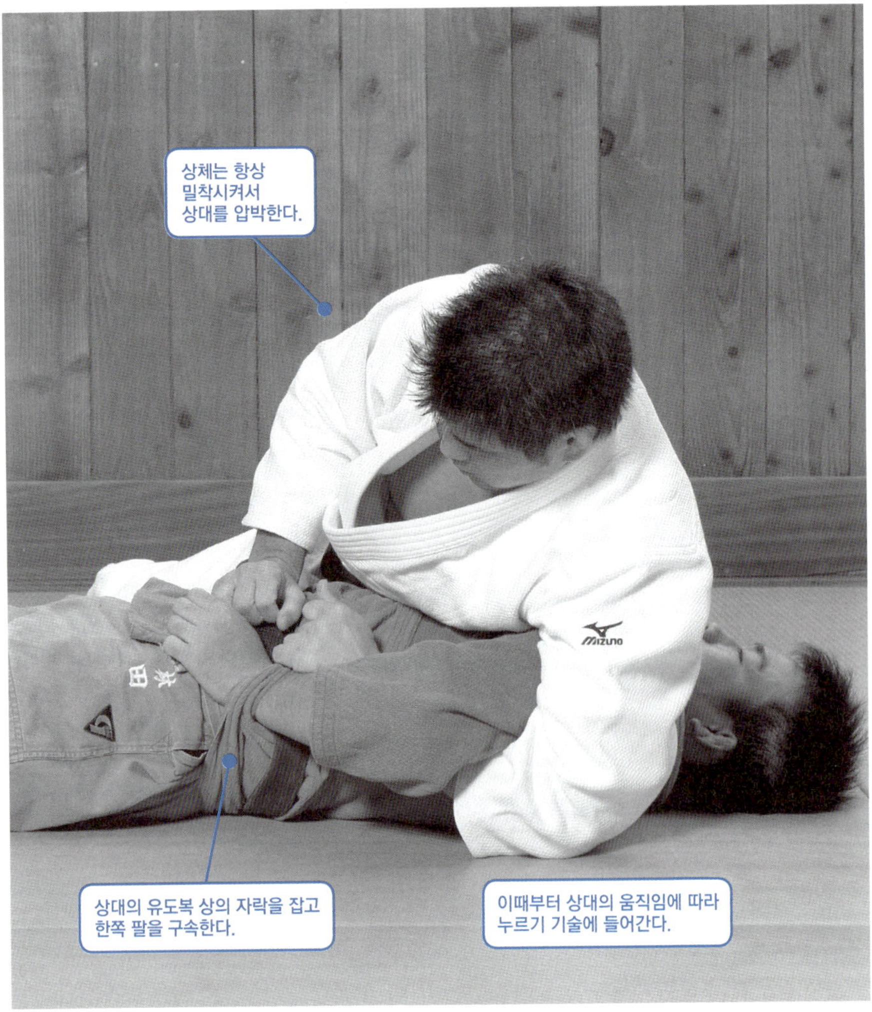

> 상체는 항상 밀착시켜서 상대를 압박한다.

> 상대의 유도복 상의 자락을 잡고 한쪽 팔을 구속한다.

> 이때부터 상대의 움직임에 따라 누르기 기술에 들어간다.

▶▶▶ 팔누르기를 실시하는 방법

팔누르기는 상대의 팔을 고정하는 기술이다. 일단은 자신의 한쪽 팔을 상대의 등 쪽에서 겨드랑이 밑으로 끼워야 한다. 그리고 손바닥을 벌려 상대가 팔을 빼지 못하도록 하는 것이 핵심이다. 유도복은 새끼손가락 쪽으로 잡든 집게손가락 쪽으로 잡든 상관없다. 어느 쪽으로 잡든, 상의 자락을 단단히 끌어당겨 떨어지지 않도록 잡는 것이 중요하다.

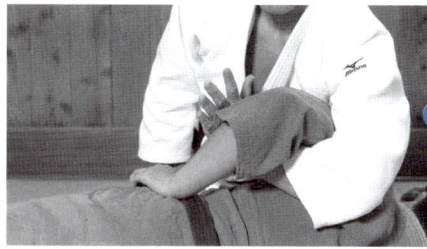
┃ 자신의 왼손을 상대의 위팔 뒤쪽으로 찔러 넣는다.

┃ 오른손으로 상대의 유도복 상의 자락을 잡고 끌어당긴다.

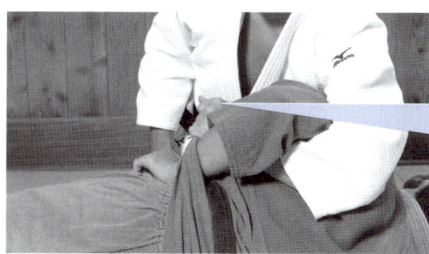
┃ 왼손으로 상의 자락을 잡아 자신 쪽으로 끌어당긴다.

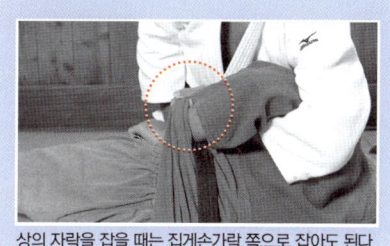
상의 자락을 잡을 때는 집게손가락 쪽으로 잡아도 된다.

▶▶▶ 상대가 발을 감아오는 경우

팔누르기를 시도하는 도중이나 팔누르기를 시도한 후에, 불리한 자세가 된 상대가 국면을 타개하려고 발을 감아오는 경우가 많다. 그러면 모처럼 유리한 자세를 만들었음에도, 교착 상태에 빠졌다는 이유로 심판이 '그쳐' 선언을 하게 된다.

발이 감긴 경우에는 발을 쉽게 빼낼 수 있도록 상대의 하의를 잡아당겨서 공간을 넓힌다. 팔누르기에 들어가면 일단 기술을 확실히 넣는 데만 집중하고, 기술이 충분히 들어갔을 때 신속히 발을 빼낸다.

┃ 발이 감기면 상대의 하의를 잡아당겨서 발을 빼낸다.

굳히기······누르기 기술

기술 설명: 위누르기

- 자신과 상대가 늘 일직선이 되도록 움직이면서 누른다.
- 양 겨드랑이를 단단히 조인다.
- 약간 등 쪽에 위치한 옆띠를 잡는다.
- 배로 상대의 얼굴을 누른다.
- 무릎을 가볍게 굽힌다.

▶▶▶ 가슴을 맞대어 상대의 상반신을 고정한다

상대의 상반신을 덮치듯이 가슴을 맞대어 압박하고 양팔로 좌우 옆띠를 붙잡아 누르는 기술이다. 상대의 몸과 일직선이 되도록 자세를 취하는 것이 기본이다. 대표적인 굳히기 기술로, 세계적으로 많이 사용된다.

누르기를 할 때는 자신의 양 겨드랑이를 꽉 조인다. 또한 양발을 벌리고 무릎을 가볍게 굽혀 발 안쪽으로 매트를 누른다. 상대는 움직임이 자유로운 하반신을 사용해서 벗어나려 하므로 양발로 버티면서 상대의 얼굴을 자신의 배로 누르고, 상대의 움직임에 따라 자신의 발도 움직인다. 몸을 비비면서 상대의 움직임을 차단한다는 느낌으로 실시한다.

 POINT 이 기술의 핵심은 띠를 잡을 때 양 겨드랑이를 꽉 조이는 것이다. 띠를 단단히 붙잡고, 위팔을 몸의 중심으로 최대한 끌어당긴다. 양 겨드랑이가 헐거우면 상대는 그 틈을 파고들어 몸을 뒤집고 도망칠 수 있다.

띠를 단단히 붙잡고 겨드랑이를 조인다.

굳히기 …… 누르기 기술

위누르기에 들어가는 방법

 위누르기를 시도하는 기본적인 방법을 익힌다.

1 상대의 머리를 다리 사이에 넣는다.

왼손으로 띠를 잡은 다음 오른손으로 반대편 띠를 잡는다.

2 상대의 옆띠(등 쪽에 가까운 부위)를 양손으로 잡는다.

3 상대의 양 어깨를 덮치듯이 띠를 잡고, 가슴으로 상대의 얼굴을 누른다.

자신의 몸을 비비면서 누른다.

4 양발을 벌리고 몸을 비비면서 누른다.

POINT 실제 시합에서는 위의 사진처럼 상대가 아무런 저항 없이 누워 있는 경우가 거의 없다. 대부분 메치기로 쓰러진 상대나, 무릎 꿇고 엎드려서 방어 자세를 취하는 상대를 눕히고 나서부터 누르기 기술에 들어간다(다른 굳히기 기술도 마찬가지). 다만 위의 사진처럼 기본적인 자세를 설정하고 기술을 시도해보는 것은 기술의 본질을 이해하는 데 중요한 과정이므로, 초급자는 이 같은 연습부터 시작하는 것이 좋다. 실제 시합에서도 위누르기의 경우 상대의 머리 위로 돌아 들어가서 기술을 시도해야 한다. 그와 같은 포지션을 재빨리 취하는 것이 위누르기의 관건이라고 할 수 있다.

굳히기 …… 누르기 기술

 응용

무릎 꿇고 엎드린 상대를 위누르기로 공격하기

목적 무릎 꿇고 엎드린 상대에게 발을 집어넣어 뒤집고, 원활하게 위누르기로 이행한다.

1 엎드린 상대의 머리 부근에서 자세를 취한다.

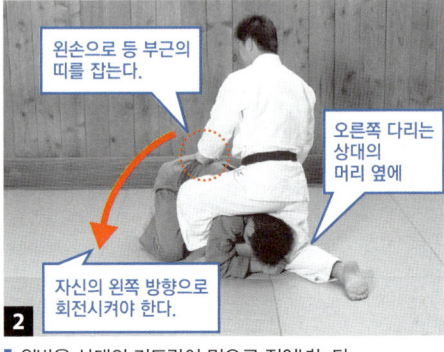

왼손으로 등 부근의 띠를 잡는다.

오른쪽 다리는 상대의 머리 옆에

자신의 왼쪽 방향으로 회전시켜야 한다.

2 왼발을 상대의 겨드랑이 밑으로 집어넣는다.

왼손으로 상대의 겨드랑이 밑을 통해 상대의 앞띠를 잡는다.

자신의 오른발을 자신의 왼쪽 무릎 뒤쪽에 걸고 고정한다.

3 양다리에 상대의 상반신을 끼우고 회전한다.

4 뒤집은 후 매끄럽게 위누르기로 이행한다.

5 몸을 비비면서 위누르기로 누른다.

POINT 처음에는 왼손으로 상대의 등 근처 띠를 잡고, 뒤집는 동시에 상대의 앞띠로 바꿔 잡는다. 154쪽의 기본형과 달리, 마지막에는 왼손이 상대의 겨드랑이 밑으로 집어넣어진 형태가 된다.

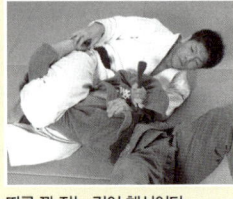

띠를 꽉 잡는 것이 핵심이다.

굳히기 …… 누르기 기술　　　　　　　　　　　　응용

위누르기에서 빠져나가는 방법

 위누르기를 당했을 때 다리를 치켜들어 빠져나간다.

위누르기는 상체를 누르는 기술이다. 따라서 하반신은 자유롭게 움직일 수 있다.

다리를 크게 치켜들고, 양손으로 상대의 양 어깨를 강하게 밀어내면서 상대와의 공간을 만든다.

다리를 치켜든다.

공간이 벌어지면 타이밍을 살피면서 몸을 비틀어 빠져나간다.

몸을 비튼다.

 POINT　위누르기는 상체를 누르는 기술이므로, 기술에 걸렸더라도 하반신은 자유롭게 움직일 수 있다. 따라서 다리를 치켜들어 상대에게 압력을 가하는 동시에 양팔로 상대의 양 어깨를 밀어 올림으로써 몸을 회전시킬 공간을 만들어 빠져나갈 수 있다.

굳히기 …… 누르기 기술

가로누르기

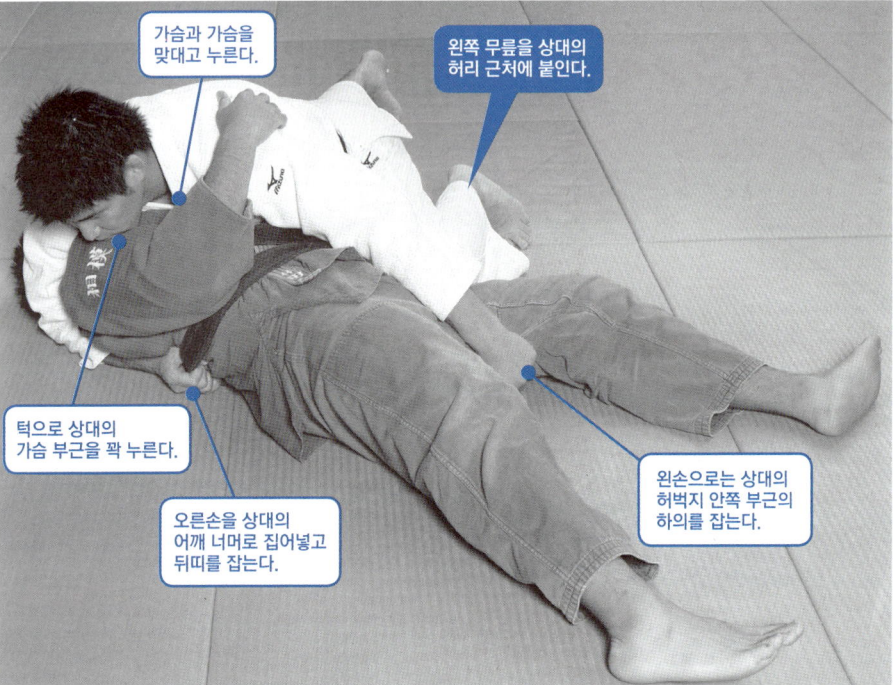

- 가슴과 가슴을 맞대고 누른다.
- 왼쪽 무릎을 상대의 허리 근처에 붙인다.
- 턱으로 상대의 가슴 부근을 꽉 누른다.
- 오른손을 상대의 어깨 너머로 집어넣고 뒤띠를 잡는다.
- 왼손으로는 상대의 허벅지 안쪽 부근의 하의를 잡는다.

▶▶▶ 옆으로 누르는 굳히기 기술의 기본

가장 기본적인 굳히기 기술 가운데 하나로, 상대의 상체와 수직으로 위치해 상대를 제압하는 기술이다. 세로누르기(164쪽) 같은 다른 굳히기 기술로도 쉽게 연결할 수 있기 때문에 초급자가 굳히기를 습득할 때는 이 기술을 가장 먼저 배우는 것이 좋다.

기술의 핵심은 상대의 뒤띠를 잡을 때 위쪽으로 잡아당기듯이 잡는 것이다. 단순히 잡기만 해서는 상대에게 힘이 전달되지 않는다.

또한 누르기를 할 때는 손의 힘에만 의존하지 말고, 자신의 가슴을 상대의 가슴에 대고 왼쪽 무릎을 상대의 허리에 붙이는 등 몸 전체를 사용하는 것이 중요하다.

 POINT 상대를 누를 때 상체의 힘을 쏟는 데만 집중하기 쉬운데, 누르기 기술을 확실히 넣으려면 하반신의 움직임도 중요하다.
왼쪽 무릎을 굽혀 상대의 허리에 붙이는 것이 기본이다. 오른쪽 무릎은 펴고 발끝으로 균형을 유지한다.

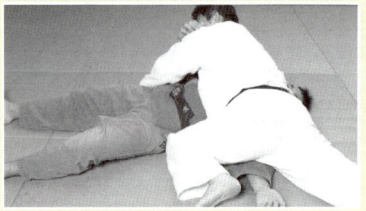

왼쪽 무릎을 상대에게 붙인다.

굳히기 ······ 누르기 기술

가로누르기에 들어가는 방법

 가로누르기를 시도하는 기본적인 방법을 익힌다.

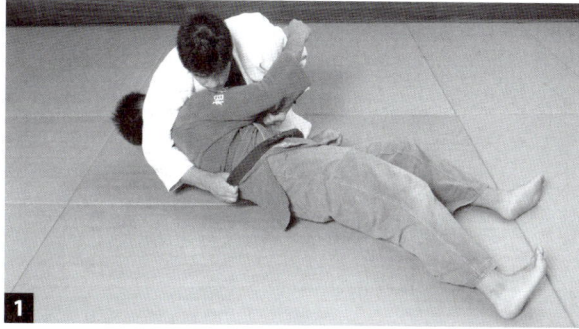

상대의 어깨 너머로 오른손을 집어넣고 뒤띠를 꽉 잡는다.

1

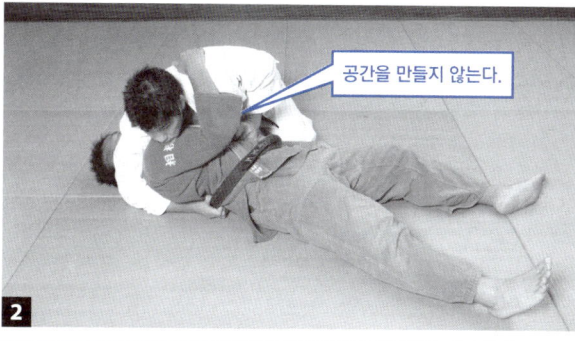

공간을 만들지 않는다.

체중을 실어 상대를 누른다. 기술 거는 움직임을 연습하는 것이기 때문에 천천히 해도 상관없다.

2

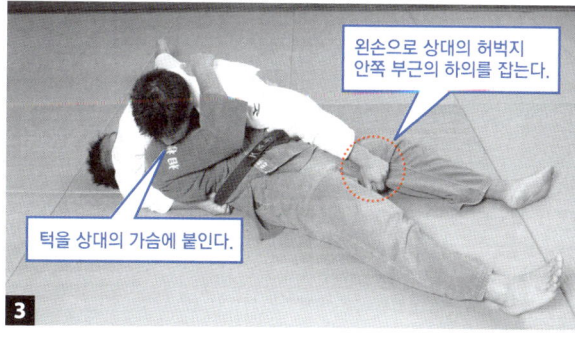

왼손으로 상대의 허벅지 안쪽 부근의 하의를 잡는다.

상대의 허벅지 안쪽 부근의 하의를 잡고, 무릎이 매트에 닿도록 발을 뻗어서 단단히 누른다.

턱을 상대의 가슴에 붙인다.

3

 POINT 누르기를 할 때 턱을 상대의 가슴에 붙인다. 이때 양 무릎과 발끝은 매트에 댄 상태를 유지한다. 가로누르기는 이외에도 여러 가지 방법으로 실시할 수 있다. 기본을 먼저 습득한 후 다른 선수들을 관찰하면서 다양한 방법을 연습해보자.

굳히기 …… 누르기 기술   응용

무릎 꿇고 엎드린 상대를 가로누르기로 공격하기

 무릎 꿇고 엎드린 상대의 팔을 들어 몸을 뒤집고, 가로누르기로 들어간다.

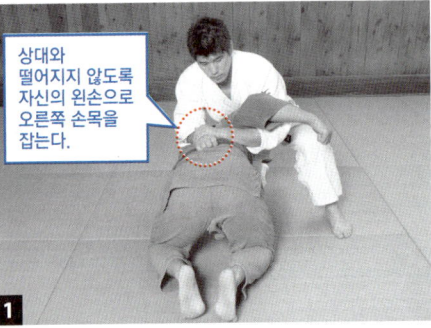

상대와 떨어지지 않도록 자신의 왼손으로 오른쪽 손목을 잡는다.

1
오른손은 상대의 등 너머로 뒤띠를 잡고, 왼손은 상대의 오른쪽 겨드랑이 밑으로 집어넣는다.

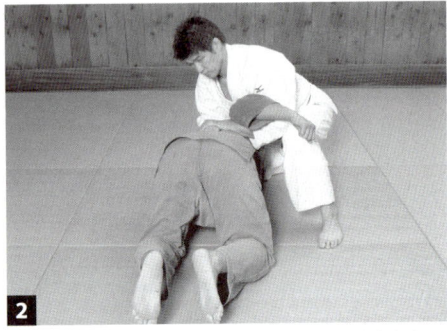

2
오른쪽 팔꿈치로 상대의 왼쪽 어깨를 눌러 내리면서, 왼손으로 겨드랑이를 들어 올린다.

불도저처럼 끌어 올린다.

3
왼손으로 오른쪽 손목을 잡은 채 상대의 몸을 회전시킨다.

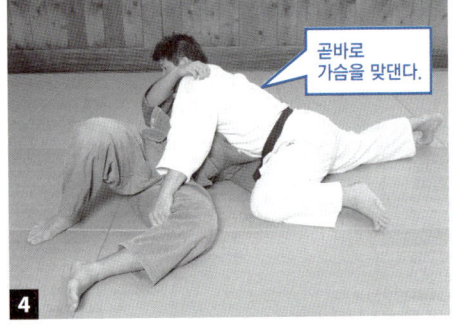

곧바로 가슴을 맞댄다.

4
상대를 눕히는 동시에 가로누르기 자세를 취한다.

 POINT

무릎 꿇고 엎드린 자세를 무너뜨리고 굳히기로 들어가는 기술은 실전에서 매우 중요하게 활용된다. 실제 시합에서는 메치기에 실패한 상대가 균형을 잃고 무너지면서 무릎 꿇고 엎드린 상태가 되는 경우가 많기 때문이다. 이 순간이 누르기 기술에 들어갈 절호의 기회다.
상대의 겨드랑이를 들어 뒤집는 방법은 다른 굳히기 기술에서도 사용할 수 있는 기본적인 방법이므로 확실히 익혀둘 필요가 있다.

단단히 고정한 후 끌어 올리듯이 회전시킨다.

굳히기 …… 누르기 기술

연결기술

메뉴 081 · 안다리후리기→가로누르기로 연결하기

목적 안다리후리기(118쪽)로 엉덩방아를 찧은 상대에게 지체 없이 가로누르기를 시도한다.

1 바로 맞잡기 자세에서 가운뎃깃과 가운데소매를 꽉 잡는다.

2 발을 앞으로 내디디면서 안다리후리기를 건다.

낚음손과 당김손을 놓지 않는다.

3 상대가 엉덩방아를 찧어도 손을 놓지 않는다.

오른발을 상대의 왼쪽 허벅지 위에 올려 고정한다.

4 상대가 몸을 일으키지 못하도록 누른다.

5 왼손을 상대의 어깨 너머로 넣어 뒤띠를 잡고, 가로누르기에 들어간다.

왼발을 뻗는다.

6 체중을 싣고 상대를 누른다.

POINT 빠져나가려는 상대의 움직임을 제압하고 가로누르기로 이행할 때는 오른발로 상대의 왼쪽 다리를 누르는 테크닉을 구사한다. 오른쪽 발등을 상대의 왼쪽 허벅지 부근에 붙이는 것이 기본이다.

자신의 오른발로 상대의 왼쪽 다리를 누른다.

굳히기 …… 누르기 기술　　　　　　　응용

가로누르기에서 방어자가 다리를 조여오는 경우

목적 ▶ 가로누르기를 막으려고 자신의 다리를 조이는 상대를 누른다.

왼손으로 상대의 하의를 잡는다.

1 가로누르기를 시도하다가 상대에게 다리가 조여졌을 때의 대처 방법이다. 일단은 왼손으로 상대의 오른쪽 하의를 잡는다.

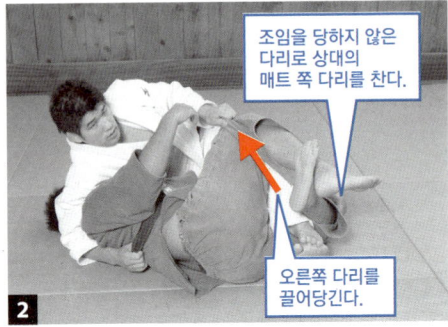

조임을 당하지 않은 다리로 상대의 매트 쪽 다리를 찬다.

오른쪽 다리를 끌어당긴다.

2 상대의 오른쪽 다리를 자신 쪽으로 끌어당긴다.

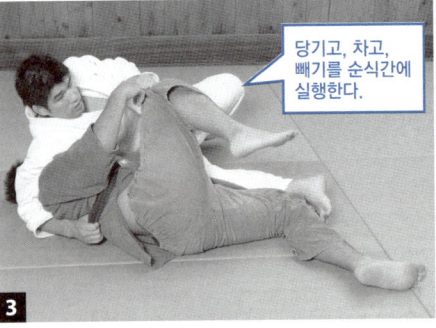

당기고, 차고, 빼기를 순식간에 실행한다.

3 상대의 조임이 느슨해졌을 때 다리를 뺀다.

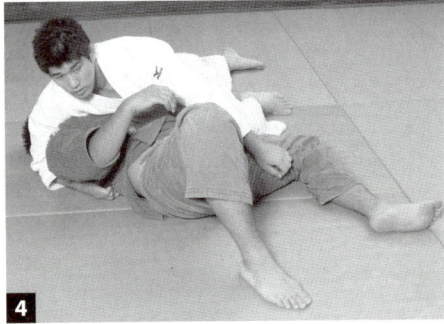

4 재빨리 가로누르기로 이행한다.

 POINT

누르기에 들어가려고 할 때나 누르기를 하는 도중에 상대가 자신의 다리를 조여서 빠져나가려고 하는 경우가 있다. 이때 조여진 다리를 빼는 방법을 기억해두자.

억지로 다리를 빼내려고 해도, 다리를 조이는 힘이 강해 좀처럼 빼낼 수 없을 것이다. 이때는 상대의 다리를 자신 쪽으로 한 번 강하게 끌어당긴 후에 자신의 다리를 빼내는 것이 비결이다. 이때 조임을 당하지 않은 쪽 다리로 매트 가까이에 놓인 상대의 다리를 아래로 찬다(누른다).

조임을 당하지 않은 쪽 다리와 왼손으로 조임을 푼다.

굳히기 …… 누르기 기술　　　　　　　　　응용

가로누르기에서 빠져나가는 방법 ①
튕겨 오르기

목적 　몸을 튕겨 올려 상대와의 사이에 공간을 만들고 회전함으로써 가로누르기에서 벗어난다.

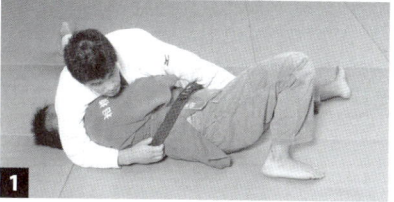

자신의 오른손이나 오른쪽 팔꿈치로 상대를 밀어 올려 공간을 만든다.

1

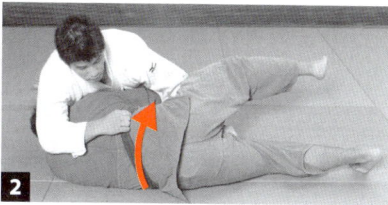

공간을 활용해서 몸을 옆으로 회전시킨다.

2

POINT 몸을 새우처럼 튕겨 올림으로써 가로누르기에서 벗어나는 방법이다. 누르기를 시도하는 상대의 왼팔을 오른쪽 손이나 팔꿈치로 밀어 올려 상대와의 사이에 공간을 만든다. 그리고 그 공간을 이용해서 몸을 굴린다. 힘만으로 커다란 공간을 만들기는 어려우므로 타이밍을 맞춰 구르는 것이 중요하다.

굳히기 …… 누르기 기술　　　　　　　　　응용

가로누르기에서 빠져나가는 방법 ②
다리 조이기

목적 　상대의 다리를 감아서 가로누르기에서 벗어난다.

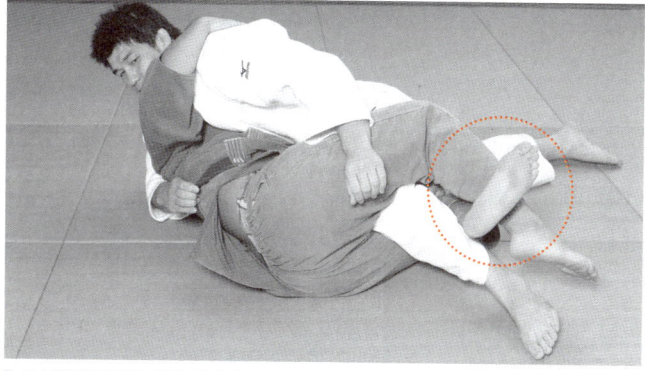

자신에게 가까운 쪽의 상대편 다리를 양다리에 끼우고, 자신의 한쪽 발등을 반대쪽 종아리에 대서 고정한다.

POINT 상대의 다리를 감아서 가로누르기에서 벗어나는 방법이다. 누르기를 당했을 때 상대와 가까운 쪽 팔이나 다리로 상대의 다리를 누르고, 공간을 만들어 다리를 조인다.

일단은 상대의 다리를 누른다.

굳히기 ····· 누르기 기술

세로누르기

상대의 한쪽 팔과 목을 한꺼번에 고정하는 방법도 있다.

가슴과 가슴을 맞대고 단단히 누른다.

오른손을 매트에 대고 균형을 잡는다.

자신의 팔과 어깨, 가슴으로 상대의 한쪽 팔을 고정한다.

▶▶▶ 상대를 다리 사이에 끼우고 팔, 어깨, 목을 고정한다

상대와 마주 본 상태에서 다리 사이에 상대를 끼우고, 상대의 팔과 어깨(목)를 고정하는 기술이다. 누르는 방법은 위의 사진처럼 상대의 어깨 위로 팔을 둘러 한쪽 팔을 고정하는 방법 외에 한쪽 팔과 목을 함께 고정하는 방법, 자신의 오른쪽 깃을 잡는 대신 팔을 잡는 방법 등 다양한 형태가 있다.
다리를 사용하는 방법 또한 다리를 걸고 고정하는 방법 외에도 여러 가지가 있으므로 상대의 움직임과 상황에 따라 적절히 선택한다. 이를 위해서는 자신에게 맞는 특기를 개발해두는 것이 좋다.

 POINT 상대를 누르면 상대는 다리를 움직이거나 공격자의 다리를 조이면서 빠져나가려고 한다. 이를 방지하기 위해서는 양다리로 상대의 허리 부근을 조여야 한다. 상황에 따라서는 자신의 발을 상대의 발목 근처에 걸거나, 다리로 상대의 허리 아랫부분을 감는 등의 대응이 필요하다.

굳히기 …… 누르기 기술

세로누르기에 들어가는 방법

 세로누르기를 시도하는 기본적인 방법을 익힌다.

상대와 마주 본 상태에서 상대를 다리 사이에 끼우고 앉는다. 양 무릎이 상대의 옆구리 근처에 오도록 한다.

상대의 왼손을 들어 올리고 자신의 왼팔을 상대 왼쪽 어깨 위로 통과시킨 후, 상체를 숙여 자신의 가슴과 상대의 가슴을 맞댄다.

왼손으로 자신의 오른쪽 깃을 잡고, 상대의 팔을 고정한다. 오른손은 매트를 짚어 자세를 안정시킨다.

상대에게 체중을 싣는다.

어깨가 아니라 위팔에 가까운 부분을 고정한다.

 상대를 다리에 끼우고 앉은 자세로 시작하면, 작은 움직임으로도 상대를 고정하는 방법을 익힐 수 있다. 상대를 고정시켰다면 자신의 체중을 상대의 팔에 싣고 누른다. 또한 왼쪽 위팔로 상대의 얼굴을 누르는 것도 상대의 움직임을 제압하는 테크닉이다.

굳히기 ······ 누르기 기술   응용

띠잡아뒤집기→세로누르기로 연결하기

목적 ▸ 서서 맞잡은 상태에서 상대와 함께 쓰러지면서 세로누르기에 들어간다.

1 ▎당김손(왼손)으로 상대의 소매를 꽉 잡는다.

당김손을 당긴다.

오른발로 상대의 오른발을 후리면 상대의 자세가 앞으로 무너져서 뒤띠를 잡을 수 있다.

2 ▎오른발을 내딛고 낚음손(오른손)으로 뒤띠를 잡는다.

띠를 잡은 채 무게중심을 낮춘다.

3 ▎낚음손으로 띠를 잡은 채 무게중심을 낮춘다.

원을 그리듯이 회전한다.

4 ▎상대의 아래쪽으로 파고들면서 오른쪽 뒤로 회전한다.

5 ▎몸을 뒤집고 세로누르기로 누른다.

POINT 이처럼 서서 맞잡은 상태에서 상대의 뒤띠를 잡고, 자신의 뒤쪽으로 함께 쓰러지듯이 회전해 상대의 자세를 무너뜨리는 기술을 '띠잡아뒤집기'라고 한다. 배대뒤치기(136쪽)처럼 몸을 둥글게 말고 원을 그리듯이 회전한다. 띠잡아뒤집기는 다른 굳히기 기술로 이행하는 데도 사용할 수 있지만, 왼손으로 상대의 오른쪽 겨드랑이를 들어 올리는 동작이 세로누르기에서 팔을 고정하는 형태와 동일하기 때문에, 세로누르기로 이행할 때 특히 효과적이다.

굳히기 …… 누르기 기술 　　　　응용

메뉴 087 다리를 조여 빠져나가려는 상대에 대응하기

목적 ▶ 자신을 조여오는 상대의 다리를 풀고 세로누르기로 누른다.

1 ▎상대의 팔을 고정한 상태에서 자신의 엉덩이를 올린다.

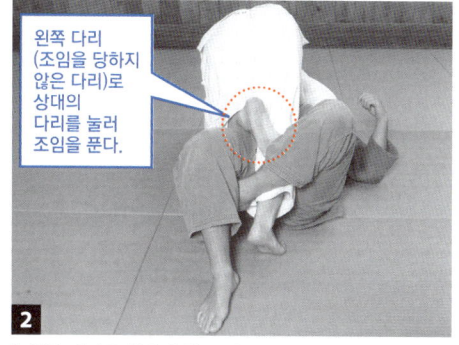

왼쪽 다리 (조임을 당하지 않은 다리)로 상대의 다리를 눌러 조임을 푼다.

2 ▎왼쪽 다리로 상대의 왼쪽 장딴지를 누른다.

방심하면 다리를 빼내자마자 다시 조여올 수 있으므로, 다리를 빼낸 후 곧바로 상대의 다리를 누른다.

3 ▎상대의 다리가 풀리면 오른쪽 다리를 빼낸다.

4 ▎양다리를 벌려 상대를 다리 사이에 끼운다.

5 ▎양다리로 허리를 조이면서 누른다.

 POINT 다리를 떼어낼 때 자주 범하는 실수는 다리만 움직여서 빼내려고 하는 것이다. 상대도 자신의 다리를 꽉 붙들고 있기 때문에 억지로 빼내려고 하면 오히려 빼내기가 더 어렵다. 엉덩이를 들어 올리고 하반신 전체로 다리를 빼내야 한다는 사실을 잊지 말아야 한다.
또한 다리에만 집중해서 상반신을 소홀히 하면 상대가 몸을 굴려 빠져나가고 만다. 따라서 팔을 단단히 고정하고 상체의 자세를 잘 유지하고 있어야 한다.

 굳히기 ······ 누르기 기술 응용

메뉴 088 2중으로 다리를 조여 빠져나가려는 상대에 대응하기

 상대의 허벅지와 발등에 2중으로 조여진 자신의 발을 빼내고 세로누르기로 누른다.

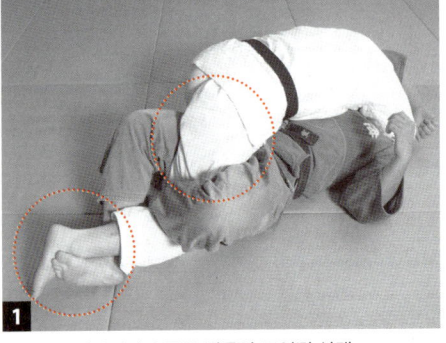

1 오른쪽 허벅지와 오른쪽 발목이 조여진 상태.

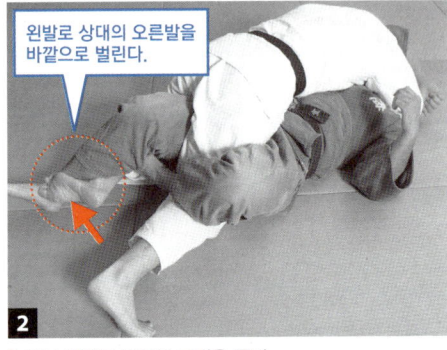

왼발로 상대의 오른발을 바깥으로 벌린다.

2 우선 왼발로 발목의 고정을 푼다.

엉덩이를 올린다.

3 왼손으로 상대의 팔을 고정한 채 엉덩이를 올린다.

메뉴 087처럼 상대의 장딴지를 누른다.

4 남은 허벅지의 조임을 푼다.

5 오른발을 빼낸 후 세로누르기로 이행한다.

POINT 167쪽과 마찬가지로 자신의 다리를 조여 빠져나가려는 상대에게 대처하는 방법이다. 이 경우 발목과 허벅지가 2중으로 조여져 있어 푸는 데 시간이 다소 걸리지만, 발목부터 순서대로 풀어나가는 것이 중요하다.
참고로, 굳히기 기술로 이행할 때는 속도도 중요하다. 상대의 다리를 푸는 데 시간이 걸리면 주심이 '그쳐'를 선언해버리기 때문이다. 기회가 왔을 때 신속히 다리를 빼낼 수 있도록 반복 연습해서 동작을 몸에 익혀야 한다.

굳히기 …… 누르기 기술   응용

세로누르기에서 빠져나가는 방법 ①
튕겨 오르기

목적 몸을 튕겨 올려 등을 띄워서 세로누르기에서 벗어난다.

허리를 띄운다.

■ 허리를 띄우고 새우처럼 몸을 움직이면서 빠져나간다.

POINT 누르기를 당하면 상하좌우로 움직이면서 어떻게든 빠져나갈 방향을 찾아야 한다. 완전한 형태로 눌리기 전에 빈틈을 찾아내어 빠져나가는 것이 중요하다. 그러기 위해서는 몸을 새우처럼 튕겨 올리는 동작이 매우 효과적이다.

굳히기 …… 누르기 기술   응용

세로누르기에서 빠져나가는 방법 ②
다리 조이기

목적 상대의 다리에 자신의 다리를 감아서 세로누르기에서 벗어난다.

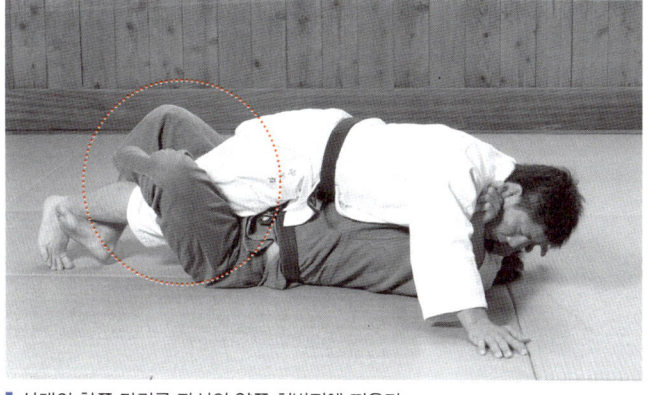

■ 상대의 한쪽 다리를 자신의 양쪽 허벅지에 끼운다.

POINT 상대의 한쪽 다리를 양다리로 감아서 세로누르기에서 벗어나는 방법이다. 다리를 감는 데는 상대의 빈틈을 노리는 방법 외에, 자유롭게 움직일 수 있는 손으로 상대의 다리를 눌러 뻗게 만드는 방법도 있다.
상대의 다리를 감고 나서 자신의 한쪽 발등을 반대편 다리의 뒤쪽에 붙여서 고정하면 잘 풀리지 않는다.

굳히기 …… 누르기 기술

어깨누르기

- 머리로는 상대의 왼팔을 누른다.
- 오른발을 뻗어 균형을 잡는다.
- 왼쪽 무릎을 상대 허리 근처에 붙인다.
- 왼팔을 둘러 상대의 머리와 한쪽 팔을 감싸듯이 고정한다.

▶▶▶ 상대의 머리와 팔을 감싸듯이 고정한다

자신의 팔을 둘러 상대의 머리와 팔을 감싸듯이 고정하는 누르기 기술이다. '어깨누르기'라는 명칭에서 알 수 있듯이 상대의 어깨 부근을 고정하는 기술이라고 생각하면 된다. 상대의 목이 조여지므로 조르기 기술로서의 효과도 있다.

양손을 상대의 목 뒤로 맞잡는 방법 외에, 상대의 목을 감싼 손으로 자신의 깃을 잡는 방법도 있다. 상대가 빠져나가지 못하도록 하기 위해서는 다리의 동작이 중요하다. 상대와 가까운 쪽의 다리(왼쪽 다리)는 상대의 허리에 붙이고, 먼 쪽의 다리(오른쪽 다리)는 옆으로 벌려 균형을 잡는다.

 POINT 상대와 가까운 쪽 다리를 뻗으면, 상대가 그 다리를 조이면서 빠져나갈 위험이 있다. 이를 방지하기 위해 무릎을 굽혀 상대에게 밀착시킨다. 무릎을 붙이는 위치는 상대의 허리 부근이다.

가까운 쪽 다리를 뻗으면 조임을 당하게 된다.

굳히기 …… 누르기 기술

어깨누르기에 들어가는 방법

 어깨누르기를 시도하는 기본적인 방법을 익힌다.

1 누워 있는 상대의 옆에 무릎을 꿇고 앉아 상대의 깃과 소매를 잡는다.

상대에게 무릎을 밀착시킨다.

2 상대의 위팔을 들어 올려 턱 쪽으로 밀어붙인다.

3 왼손을 상대의 오른쪽 어깨 뒤로 찔러 넣는다.

왼손은 상대의 오른쪽 어깨 뒤로 찔러 넣고, 오른손과 맞잡는다.

4 체중을 실으면서 머리와 팔을 단단히 고정한다.

체중을 싣는다.

 POINT
오른쪽 다리를 뻗어서 균형을 유지하는 것이 기본이다. 상대가 빠져나가려고 움직이면, 힘으로 누르려 하지 말고 같은 자세를 유지하면서 상대의 움직임에 따라 자신도 조금씩 움직인다. 발끝 쪽에 무게중심이 실리면 이런 방식으로 대응하기가 수월해진다.

상대의 움직임에 따라 밖으로 뻗은 오른쪽 다리를 움직인다.

굳히기 …… 누르기 기술

무릎 꿇고 엎드린 상대를 어깨누르기로 공격하기

목적 무릎 꿇고 엎드린 상대의 자세를 무너뜨리고 어깨누르기로 들어간다.

오른손으로 상대의 왼쪽 앞깃을 잡는다.
왼손으로 상대의 오른쪽 옆깃을 잡는다.

1 상대의 양쪽 겨드랑이 밑으로 양손을 끼워 넣고 깃을 잡는다.

무게중심을 왼쪽으로 옮긴다.

2 상대의 깃을 잡고 무게중심을 왼쪽으로 옮긴다.

3 깃을 잡은 채로 왼쪽으로 쓰러뜨린다.

4 그대로 회전한다.

5 뒤집으면 곧바로 어깨누르기에 들어간다.

POINT 양팔을 상대의 겨드랑이 밑으로 찔러 넣고, 먼 쪽의 깃을 단단히 잡아당겨서 느슨한 부분이 없게 한다. 상대의 유도복이 느슨한 상태에서는 제대로 회전시킬 수 없다.

양손으로 상대의 유도복을 잡아당겨 팽팽하게 만든다.

굳히기 …… 누르기 기술 | 기본

좌우 회전하기

메뉴 092의 동작을 익히기 위해
실제로 상대를 뒤집으면서 좌우로 회전한다.

순서

① 무릎 꿇고 엎드린 상대의 양쪽 겨드랑이에 손을 집어넣고 유도복을 잡는다.
② 그대로 왼쪽으로 회전한다.
③ 오른쪽으로도 동일하게 회전해서 원래 위치로 돌아온다.

 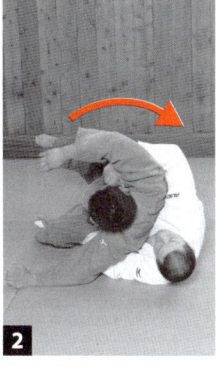 

무릎 꿇고 엎드린 상대를 좌우로 회전시키면서
뒤집는 감각을 기른다.

 상대가 무릎 꿇고 엎드렸을 때가 굳히기로 이행할 절호의 기회다. 이 기회를 살리려면 상대를 뒤집는 연습을 반복해서 몸에 익혀두어야 한다.

굳히기 …… 누르기 기술 | 응용

어깨누르기에서
빠져나가는 방법

상대의 목을 눌러서 공간을 만들고
어깨누르기에서 벗어난다.

팔꿈치로 상대의 목을 민다.   오른손으로 왼쪽 주먹을 덮는다.

양손을 맞잡으면서 상대의 목을 팔꿈치로 눌러 공간을 만든다.

 어깨누르기에서는 한쪽 위팔이 눌리지만, 아래팔과 다른 한 손은 자유롭게 움직일 수 있다. 그러므로 상대의 목을 팔꿈치로 밀면서 몸을 회전시킬 공간을 만들 수 있다. 이외에도 양발을 치켜들면서 그 반동을 이용해 뒤로 회전하며 빠져나가는 방법도 있다.

굳히기 …… 누르기 기술

곁누르기

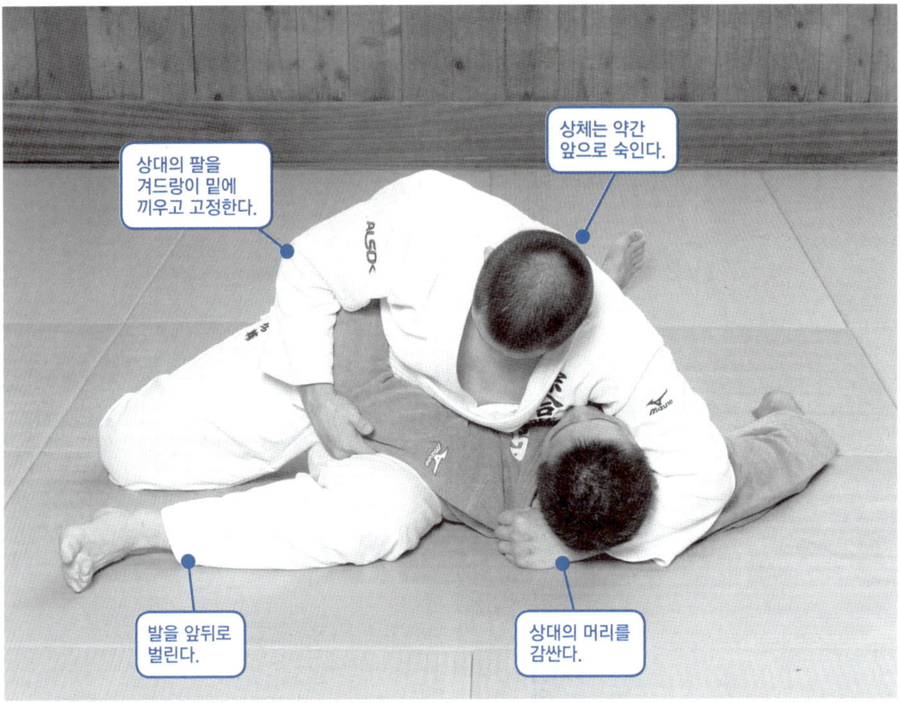

상대의 팔을 겨드랑이 밑에 끼우고 고정한다.

상체는 약간 앞으로 숙인다.

발을 앞뒤로 벌린다.

상대의 머리를 감싼다.

▶▶▶ 상대의 팔을 겨드랑이에 끼우면서 누른다

누워 있는 상대의 옆에서 한 손으로 목을 감싸고, 다른 손으로 상대의 팔을 겨드랑이에 끼워 고정하는 누르기 기술이다. 메치기에서 시작되는 연결 기술로도 자주 사용된다. 곁누르기를 일본어로는 '가사(袈裟)누르기'라고 하는데, 여기서 '가사'란 불교의 승려가 입는 법의를 말한다. 상대의 팔이 자신의 어깨 위에서 겨드랑이 밑으로 뻗는 모양이 가사와 비슷하다고 해서 붙여진 명칭이다. 상대의 팔을 자신 쪽으로 강하게 끌어당기고 겨드랑이로 감싸듯이 단단히 고정한다. 왼손으로는 상대의 목깃을 잡는 것이 기본이지만, 뒤집힐 우려가 있으면 매트에 손을 대고 안정시키는 것도 한 방법이다.

 POINT 누르기를 할 때는 상체를 앞으로 숙이고 상대에게 자신의 머리를 가까이 대서 단단히 고정한다. 다리는 넓게 벌려 몸의 중심을 유지하고, 상대의 움직임에 따라 유연하게 대응해야 한다.

앞으로 숙이지 않으면 뒤집힐 우려가 있다.

굳히기 …… 누르기 기술

곁누르기에 들어가는 방법

 곁누르기를 시도하는 기본적인 방법을 익힌다.

1 상대의 팔을 겨드랑이에 끼우면서 단단히 감싼다.

(말풍선) 무릎을 밀착시킨다.

2 상대의 목 뒤쪽으로 왼손을 두르고 머리를 감싸는 자세를 취한다.

(말풍선) 상대의 왼팔을 오른쪽 겨드랑이로 고정한 상태

3 상대의 왼팔을 오른쪽 겨드랑이에 끼워 고정한 상태에서, 발을 앞뒤로 벌린다.

4 상대에게 체중을 싣고 누르기에 들어간다.

POINT

곁누르기의 핵심은 상대의 팔을 잡을 때 강하게 잡아당겨서 겨드랑이에 단단히 끼우는 것이다. 팔이 빠져나가면 누르기가 안 되기 때문에, 최종적으로는 자신의 허벅다리를 사용해서 고정한다.
상대의 목을 감싼 쪽의 다리는 바깥쪽을 매트에 붙여서 안정시키고, 반대편 다리는 무릎을 구부리고 눕혀서 균형을 잡는다. 이 다리의 각도와 위치를 유연하게 바꿈으로써, 빠져나가려는 상대의 움직임을 제압할 수 있다.

굳히기 …… 누르기 기술

무릎 꿇고 엎드린 상대를 곁누르기로 공격하기

목적 무릎 꿇고 엎드려 방어하려는 상대를 앞으로 잡아당겨 자세를 무너뜨린 후 곁누르기에 들어간다.

1 왼손으로 상대의 옆깃을 잡고, 오른손으로 상대의 가운데소매를 잡는다.

2 상대의 깃과 소매를 꽉 잡은 채 비스듬히 앞으로 잡아당긴다.

3 잡아당기는 힘을 그대로 연결해 상대를 눕힌다.

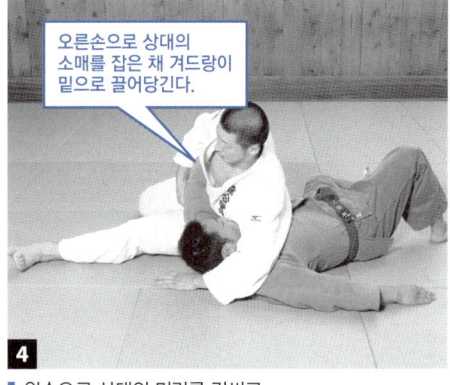

오른손으로 상대의 소매를 잡은 채 겨드랑이 밑으로 끌어당긴다.

4 왼손으로 상대의 머리를 감싸고 곁누르기로 이행한다.

POINT 이 기술의 핵심은 상대의 깃과 소매를 잡는 방법에 있다. 상대의 옆에 붙어서 왼손을 상대의 겨드랑이 아래로 집어 넣어 옆깃을 잡고, 오른손으로 가운데소매 부근을 잡는다. 깃과 소매를 잡는 위치가 정확하면 비교적 수월하게 상대를 회전시킬 수 있어, 매끄럽게 곁누르기로 이행할 수 있다.

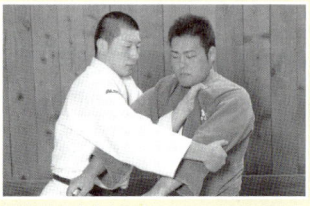

왼손으로는 옆깃을, 오른손으로는 가운데소매를 잡는다.

굳히기 …… 누르기 기술   응용

메뉴 097 곁누르기에서 빠져나가는 방법 ①
다리 조이기

목적 ▶ 상대의 다리를 감아서 곁누르기에서 벗어난다.

 POINT 자신의 몸을 조금씩 옆으로 비틀다가 마지막에 상대의 다리를 조이고 누르면서 빠져나간다. 상대의 다리를 손으로 밀어주면 다리를 조이기가 더 쉽다.

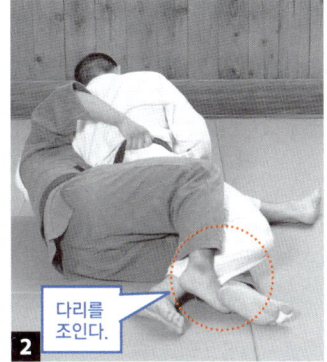

상대의 다리를 손으로 민다.

1 오른손으로 상대의 띠를 잡고 몸을 비튼다.

2 상대의 등으로 돌아들어 다리를 조인다.

다리를 조인다.

굳히기 …… 누르기 기술   응용

메뉴 098 곁누르기에서 빠져나가는 방법 ②
상대를 들어 올리기

목적 ▶ 곁누르기를 건 상대를 뒤집어서 빠져나간다.

 POINT 상대를 배에 올리고 뒤집는 방법은 상대가 상체를 앞으로 숙이지 않을 때 특히 효과적이다. 상대의 뒤띠를 양손으로 잡으면 뒤집기가 더 수월하다.

상대를 끌어당겨 밀착시키면 좀 더 쉽게 뒤집을 수 있다.

띠를 잡아당겨서 상대를 배 위로 올린다.

굳히기 …… 조르기 기술

안아조르기

상대의 깃을 잡고 아래로 당긴다.

손목 부분으로 상대의 경동맥을 압박한다.

▶▶▶ 상대의 뒤에서 조르는 조르기 기술의 기본

조르기 기술이란 상대의 경동맥이나 기관을 압박해서 항복을 받아내는 기술이다. 안아조르기는 조르기 기술의 기본이라고 할 수 있으며, 초급자가 가장 먼저 배우는 조르기 기술이기도 하다.

기술의 구조는 매우 간단하다. 상대의 양쪽 깃을 잡아 유도복이 팽팽하도록 만들고, 손목을 사용해서 경동맥을 강하게 압박한다. 손목을 상대의 목 아래로 집어넣는 것이 핵심이다.

 POINT 위쪽 손 (오른손)의 손목을 상대의 턱 아래에 넣고 손목에 힘을 준다. 팔이 상대의 경동맥에 닿는 것이 중요하다. 손목이 젖혀진 상태에서는 잘 되지 않는다.

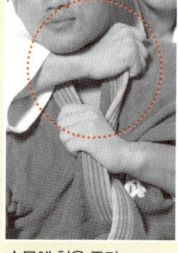

손목에 힘을 준다.
(안전에 특히 유의한다)

굳히기 …… 누르기 기술

안아조르기에 들어가는 방법

 안아조르기를 시도하는 기본적인 방법을 익힌다.

1 상대의 겨드랑이 밑으로 왼손을 집어넣어 깃을 잡는다.

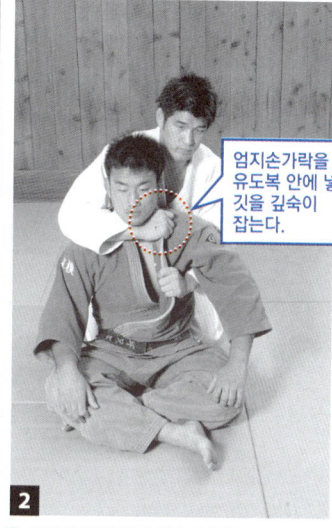

엄지손가락을 유도복 안에 넣고 깃을 깊숙이 잡는다.

2 상대의 옆깃에 오른손 엄지손가락을 걸고 깊숙이 잡는다.

3 왼손으로 반대쪽 깃을 바꿔 잡는다.

4 오른손을 상대의 턱 밑에 넣고 자신 쪽으로 잡아당기면서 경동맥을 압박한다.

 POINT

기술에 들어갈 때는 우선 왼손을 상대의 겨드랑이 밑으로 집어넣은 후, 상대의 깃을 잡아 아래로 당겨서 유도복의 느슨함을 없앤다. 이 단계를 소홀히 하면 경동맥을 압박할 때 손목의 위치가 어긋나서 강하게 조를 수 없게 된다.
또한 오른손의 엄지손가락을 깃에 걸어 세우면서 잡아야 한다.

왼손을 아래로 당겨서 유도복을 팽팽하게 만든 후, 오른손으로 상대의 깃을 잡는다.

굳히기 …… 조르기 기술

메뉴 100 무릎 꿇고 엎드린 상대를 안아조르기로 공격하기

목적 무릎 꿇고 엎드려 방어하려는 상대에게 손을 집어넣어 안아조르기에 들어간다.

몸동작

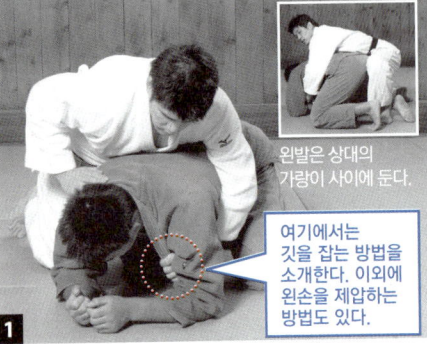

왼발은 상대의 가랑이 사이에 둔다.

여기에서는 깃을 잡는 방법을 소개한다. 이외에 왼손을 제압하는 방법도 있다.

1 왼손을 집어넣는다.

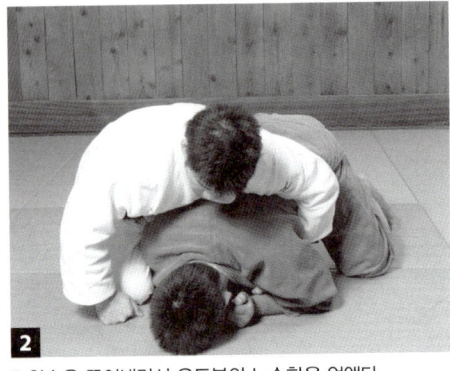

2 왼손을 끌어내려서 유도복의 느슨함을 없앤다.

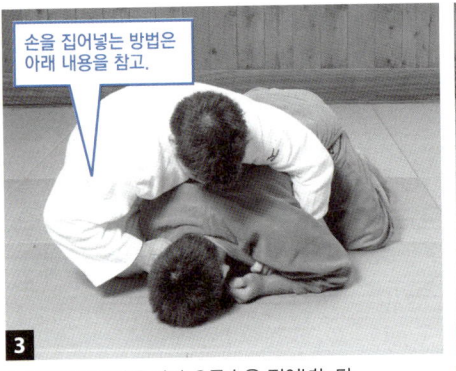

손을 집어넣는 방법은 아래 내용을 참고.

3 상대의 목덜미를 따라 오른손을 집어넣는다.

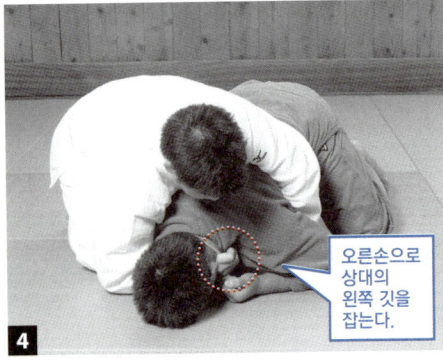

오른손으로 상대의 왼쪽 깃을 잡는다.

4 오른손으로 상대의 왼쪽 깃을 잡고 안아조르기에 들어간다.

POINT 1 상대의 목덜미에 손을 넣을 때는 엄지손가락을 집게손가락의 제1관절과 제2관절 사이에 넣고 주먹을 쥔다. 이렇게 하면 집게손가락이 화살처럼 뾰족하게 튀어나와서 엄지손가락을 받쳐주므로 더욱 단단하게 주먹을 쥘 수 있고, 좀 더 수월하게 목 아래로 손을 집어넣을 수 있다.

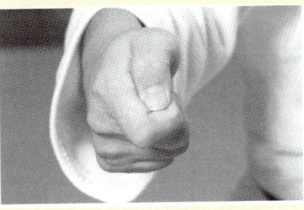

목 아래로 손을 집어넣기 쉽도록 집게손가락이 튀어나오게 주먹을 쥔다.

손동작

1. 손을 집어넣는 위치는 상대의 귀 뒷부분이다.

2. 상대의 오른쪽 경동맥에 닿도록 오른손을 넣는다.

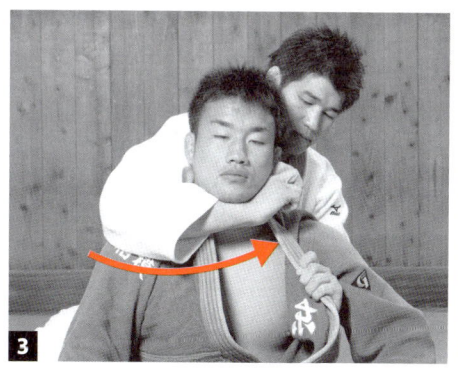

3. 턱선을 따라 깊숙이 집어넣는다.

4. 오른손으로 깃을 잡고 경동맥을 압박하면서 조르기에 들어간다.

POINT 2 상대가 턱을 당겨서 방어할 경우에는 조르기 기술을 제대로 구사하기가 어렵다. 이때에는 손목의 스냅을 사용해 턱을 들어 올리고, 그 틈으로 손목을 찔러 넣어야 한다.

상대가 턱을 당기면 손목의 스냅으로 턱을 들어 올린다.

굳히기······ 조르기 기술   연결기술

안뒤축후리기 → 안아조르기로 연결하기

목적 안뒤축후리기(130쪽)로 상대의 무게중심을 무너뜨린 후, 재빨리 안아조르기로 이행한다.

가운데깃과 가운데소매를 꽉 잡는다.

1 안뒤축후리기를 걸어 상대의 균형을 무너뜨린다.

오른손을 놓지 않는다.

2 균형을 잃은 상대를 앞으로 쓰러뜨린다.

오른손으로 상대의 목을 감싼다.

3 재빨리 상대의 목덜미를 오른손으로 감싼다.

4 왼손을 상대의 겨드랑이 아래로 집어넣고 안아조르기에 들어간다.

POINT 안아조르기로 연결하기 위해 안뒤축후리기를 사용하는 보편적인 연결 기술이다.
다른 연결 기술도 마찬가지지만, 일단 전력으로 안뒤축후리기를 걸어 상대의 자세를 확실히 무너뜨리는 것이 기본 전제다. 여기에서는 상대를 앞으로 쓰러뜨리고 안아조르기로 연결하는데, 이때 낚음손(오른손)을 놓지 않는 것이 핵심이다. 또한 원활하게 안아조르기에 들어가지 못하는 경우에는 그대로 낚음손으로 상대를 끌어 올리면서 턱을 들어 올려 손목을 넣을 공간을 만들기도 한다.

낚음손으로 상대를 끌어 올리면서 턱을 들어 올린다.

굳히기 …… 조르기 기술 응용

메뉴 102 안아조르기에서 빠져나가는 방법

목적 》 상대의 팔을 당겨서 목을 빼내어 안아조르기에서 벗어난다.

1 안아조르기를 당하는 상태에서

2 상대의 오른쪽 소매를 양손으로 꽉 잡는다.

(상대의 소매를 꽉 잡는다.)

힘껏 끌어당긴다.

3 상대의 오른쪽 팔꿈치가 앞으로 오도록 양손으로 끌어당긴다.

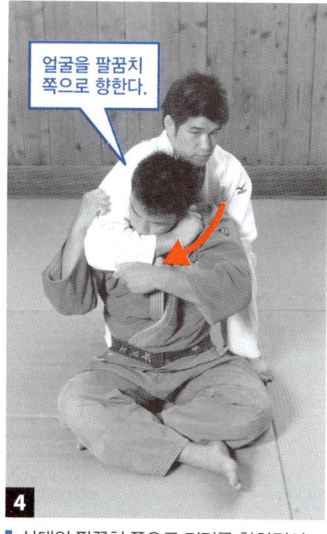

얼굴을 팔꿈치 쪽으로 향한다.

4 상대의 팔꿈치 쪽으로 머리를 향하면서 틈 사이로 턱을 넣는다.

POINT 안아조르기에서 빠져나오기 위해서는 경동맥을 압박당하지 않도록 상대의 손과 자신의 목 사이에 턱을 넣어야 한다. 턱을 넣기 위한 공간을 만들기 위해 상대의 오른쪽 소매를 양손으로 잡고 팔꿈치가 앞으로 오도록 끌어당긴다. 그런 다음 머리를 팔꿈치 쪽(오른쪽)으로 향한 상태로 턱을 넣는다.

굳히기 …… 꺾기 기술

기술 설명

팔가로누워꺾기

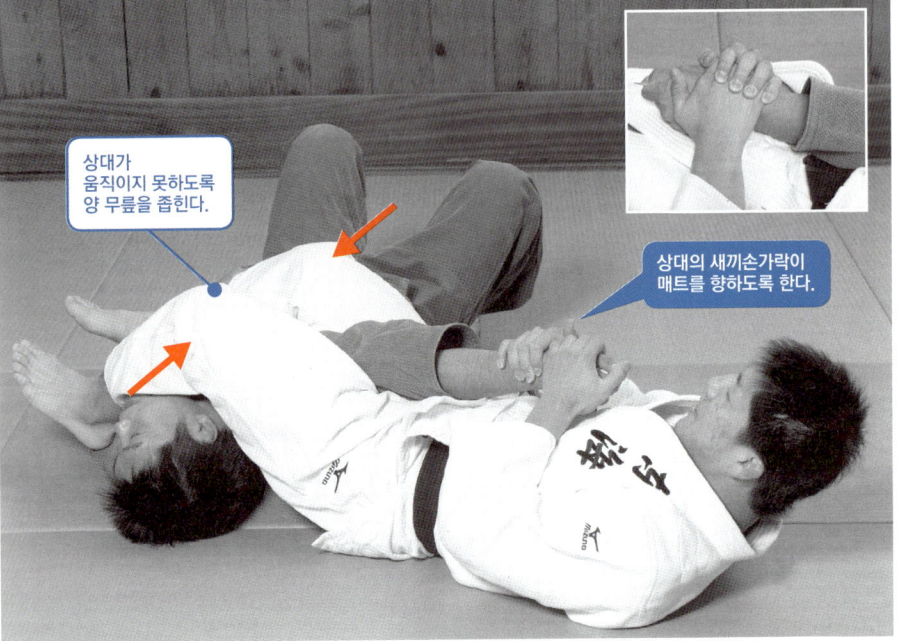

상대가 움직이지 못하도록 양 무릎을 좁힌다.

상대의 새끼손가락이 매트를 향하도록 한다.

▶▶▶ 팔꿈치를 역방향으로 꺾는 기본적인 꺾기 기술

꺾기 기술이란 상대의 관절을 역방향으로 꺾어서 항복을 받아내는 기술이다. 유도에서는 팔꿈치를 꺾는 것만 허용된다(다리 관절을 꺾으면 안 된다). 그리고 초등학생 선수는 기본적으로 꺾기 기술의 사용이 금지되어 있다.

팔가로누워꺾기는 상대의 팔꿈치를 자신의 양다리에 끼워서 잡아당기며 꺾는 기술이다. 국내외를 막론하고 실전에서 자주 사용되는 대표적인 꺾기 기술로, 핵심은 상대의 새끼손가락이 매트를 향하게 하고 자신의 양 무릎을 좁히는 것이다. 맞잡기 자세에서는 물론, 자신이 아래에 깔린 상황에서도 시도할 수 있으므로 기술을 거는 기본 방법을 익힌 후 다양한 상황에서 기술을 시도하는 연습을 해보자.

 POINT 상대의 팔꿈치를 꺾을 때 상대의 몸과 십자를 이루도록 위치를 잡는다. 이때 상대의 한쪽 팔을 끼우는 양 무릎을 힘껏 조이는 것이 중요하다. 무릎이 벌어지면 상대가 움직여서 빠져나갈 수 있기 때문이다.

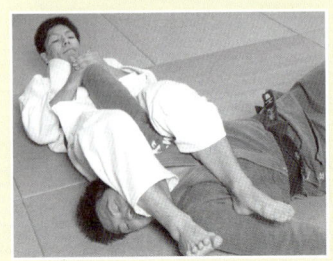

양 무릎을 꽉 조인다.

굳히기 …… 꺾기 기술

팔가로누워꺾기에 들어가는 방법

 팔가로누워꺾기를 시도하는 기본 방법을 익힌다.

1 누워 있는 상대를 다리 사이에 두고 앉는다.

2 상대의 오른팔을 양손으로 잡는다.

왼쪽으로 회전한다.

3 상대의 팔을 잡은 채 왼쪽으로 회전한다.

4 상대의 팔을 다리 사이에 끼우면서 엉덩이를 매트에 댄다.

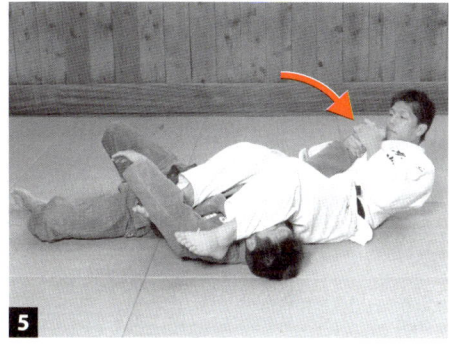

5 등을 매트에 대고 상대의 팔을 꺾는다.

 POINT 팔가로누워꺾기의 기본적인 방법을 익히기 위해서는 상대를 다리 사이에 두고 앉아서 연습한다. 시합에서는 이러한 상황이 거의 일어나지 않지만, 기술을 거는 순서를 차근차근 익히는 데 도움이 된다.
양 무릎에 상대의 팔을 끼우고, 상대의 새끼손가락이 매트를 향하게 하면 상대의 팔꿈치를 역방향으로 무리하게 젖힐 필요가 없다. 자신 쪽으로 똑바로 끌어당기면서 힘주어 꺾는다.

굳히기 ······ 꺾기 기술 　　기본

메뉴 104 엎드린 상대에게 팔가로누워꺾기 ① 가로 회전

목적 무릎 꿇고 엎드려 방어하려는 상대를 가로로 굴려서 팔가로누워꺾기에 들어간다.

1 왼손을 겨드랑이 아래로 집어넣어 상대의 오른쪽 깃을 잡는다.

(오른손으로 목깃을 잡는다.)

2 양손을 그대로 유지하고 상대가 다리 사이에 오도록 한다.

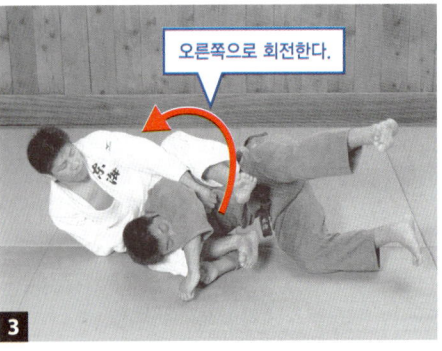

(오른쪽으로 회전한다.)

3 다리 사이에 상대를 끼우고 오른쪽으로 회전한다.

4 상대를 뒤집으면서 왼팔을 잡아당긴다.

5 양손으로 왼팔을 붙잡고 팔가로누워꺾기에 들어간다.

POINT 무릎 꿇고 엎드려서 방어 자세를 취하는 상대에게 팔가로누워꺾기를 시도하려면 먼저 상대의 자세를 무너뜨려야 한다. 여기에서 소개하는 방법은 상대의 왼쪽 겨드랑이로 왼손을 집어넣어 옆으로 뒤집는 방법이다. 집어넣은 왼손으로 상대의 가운데깃을 잡고, 오른손으로 상대의 왼쪽 목깃을 잡는다. 그런 다음 자신의 몸을 쓰러뜨리면서 단숨에 상대를 뒤집는다. 뒤집은 순간 상대의 왼팔을 잡고 지체 없이 팔가로누워꺾기에 들어간다.

| 굳히기 …… 꺾기 기술 | | 응용 |

메뉴 105 엎드린 상대에게 팔가로누워꺾기 ② 세로 회전

목적 ▶ 무릎 꿇고 엎드려 방어하려는 상대를 세로로 굴려서 팔가로누워꺾기에 들어간다.

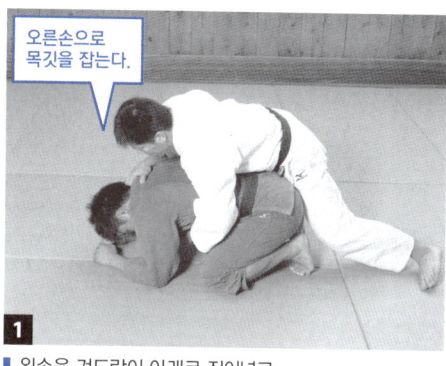

오른손으로 목깃을 잡는다.

1 왼손을 겨드랑이 아래로 집어넣고 상대의 오른쪽 깃을 잡는다.

2 양손을 그대로 유지하고 상대가 다리 사이에 오도록 자세를 잡는다.

왼발을 상대의 왼쪽 허벅지에 건다.

오른손을 매트에 대고 몸을 받친다.

3 왼발을 상대의 왼쪽 허벅지에 설고 앞으로 회전한다.

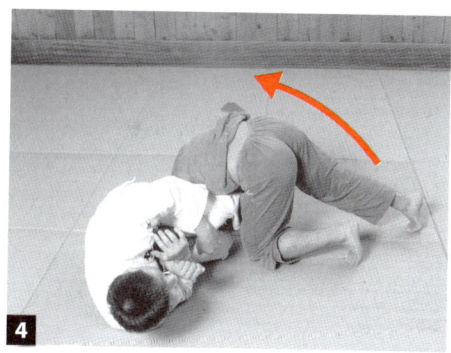

4 상대를 그대로 회전시킨다.

5 양손으로 왼팔을 붙잡고 팔가로누워꺾기에 들어간다.

POINT 메뉴 104와 마찬가지로 무릎 꿇고 엎드려 방어하려는 상대를 공격하는 방법이다. 상대를 앞으로 굴려 뒤집어서 팔가로누워꺾기에 들어간다. 실제 시합에서도 자주 볼 수 있는 기술이므로 매끄럽게 실시할 수 있도록 연습해두자.
상대의 팔을 잡으면서 뒤집는데, 이때 상대의 왼팔을 단단히 감싸 쥐는 것이 핵심이다.

굳히기 …… 꺾기 기술 | 응용

메뉴 106 누워 있는 상태에서 팔가로누워꺾기

목적 자신이 누워 있는 상태에서, 위에서 공격해오는 상대의 팔을 잡아 팔가로누워꺾기에 들어간다.

연습할 때는 이런 자세부터

1 오른손으로 상대의 오른쪽 깃을 잡고, 왼손으로 상대의 앞소매를 잡는다.

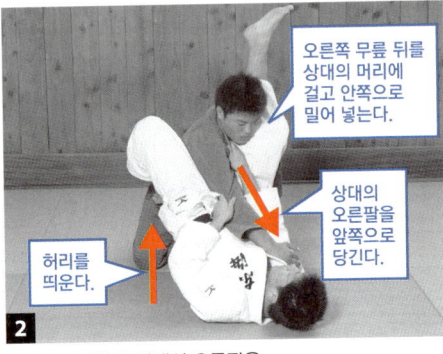

오른쪽 무릎 뒤를 상대의 머리에 걸고 안쪽으로 밀어 넣는다.

상대의 오른팔을 앞쪽으로 당긴다.

허리를 띄운다.

2 허리를 띄우고 상대의 오른팔을 앞쪽으로 당긴다.

3 왼발도 올려서 무릎 뒤쪽으로 상대의 머리를 밀어낸다.

4 양다리를 내려 상대를 그대로 쓰러뜨린다.

5 양손으로 오른손을 잡고 팔가로누워꺾기에 들어간다.

POINT 자신이 누워 있는 상황에서 상대가 굳히기 기술을 걸기 위해 위에서 공격해 오는 경우의 대응법이다. 불리한 상황을 단숨에 역전시켜 한판을 따낼 수 있다. 일단 상대가 팔을 내밀면 그 팔을 잡고, 다른 한 손으로 상대의 깃을 잡아 끌어당긴다. 그리고 양다리를 들어 올려 상대를 쓰러뜨린다. 상대의 머리를 자신의 무릎 뒤쪽으로 단단히 고정함으로써 상대는 자세를 더 이상 유지할 수 없게 된다.

굳히기 …… 꺾기 기술

응용

메뉴 107: 맞잡기 상태에서 팔가로누워꺾기

목적 〉 서로 맞잡은 상태에서 상대와 함께 쓰러지면서 팔가로누워꺾기에 들어간다.

가운데깃과 가운데소매를 꽉 잡는다.

1 허리를 뒤로 빼고 무게중심을 낮춘다.

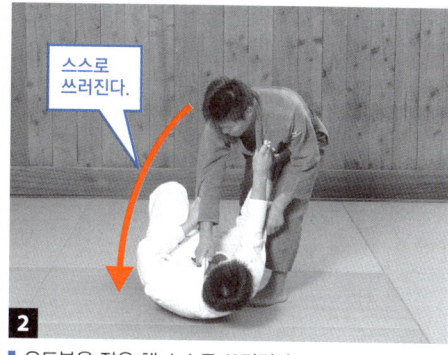

스스로 쓰러진다.

2 유도복을 잡은 채 스스로 쓰러진다.

상대의 자세를 무너뜨리기 위해 오른발을 적절하게 사용한다.

3 왼발을 올려서 상대의 머리를 누른다.

4 상대가 쓰러지면 지체 없이 팔가로누워꺾기에 들어간다.

5 상대의 오른손을 양손으로 잡고 팔가로누워꺾기를 실시한다.

> **POINT** 메뉴 106과 비슷한 방법이다. 상대보다 아래쪽에서 상대를 끌어당겨 쓰러뜨리는 테크닉을 '끌어눕히기'라고 한다. '끌어눕히기'에서는 상대의 유도복을 단단히 잡는 것이 중요하다. 특히 팔가로누워꺾기로 이행하고 싶을 때는 꺾어야 할 팔의 소매를 꺾기 직전까지 놓지 말아야 한다.
> 상대를 뒤집을 때 무릎 뒤쪽을 상대의 머리에 걸어 꼼짝 못하게 만드는 것이 핵심이다.

굳히기 …… 꺾기 기술

팔얽어비틀기

상체를 밀착시킨다.

팔꿈치를 비틀듯이 꺾는다.

▶▶▶ 상대의 팔꿈치를 비틀듯이 꺾는다

한 손으로 상대의 손목을 잡고, 다른 손으로 자신의 손목을 잡아서 상대의 팔꿈치를 꺾는다. 팔가로누워꺾기(184쪽)와 함께 매우 인기 있는 꺾기 기술이다. 팔가로누워꺾기처럼 팔꿈치를 원래 방향의 역방향으로 젖히는 것이 아니라, 비틀어서 압력을 가한다.

상대의 팔꿈치 각도가 약간만 달라져도 꺾기가 제대로 되지 않기 때문에 확실하게 꺾을 수 있는 각도를 찾아내는 것이 중요하다. 또한 팔을 비틀어야 하므로 근력도 어느 정도 필요하다. 단숨에 꺾으려고 하면 부상을 입을 수 있으니 연습할 때는 상대의 상태를 잘 살피면서 실시한다. 팔얽어비틀기는 위의 사진처럼 팔꿈치보다 아랫부분을 상대의 뒤쪽으로 비트는 방법 외에, 팔 잡는 법을 바꾸어서 앞쪽으로 비트는 방법도 있다.

 POINT 상대의 어깨 뒤로 집어넣는 손(왼손)이 받침대 역할을 한다. 지렛대의 원리를 이용해서, 상대의 손목을 누르고 위팔을 끌어 올리듯이 당겨 팔꿈치를 비튼다.

왼손은 지렛대의 받침점이 된다.

굳히기 …… 꺾기 기술

팔얽어비틀기에 들어가는 방법

 팔얽어비틀기를 시도하는 기본 방법을 익힌다.

누워 있는 상대의 옆에서 덮치는 형태다. 오른손으로 상대의 왼쪽 손목을 잡는다. 양손의 손등이 천장을 향하도록 잡는 것이 기본이다.

손등이 천장을 향한 상태

1

왼손을 상대의 왼쪽 위팔 부근으로 집어넣고, 자신의 오른쪽 손목을 잡는다. 가슴과 가슴이 맞닿도록 몸을 밀착시킨다.

왼손을 집어넣는다.

2

상대의 위팔을 끌어당겨서(상대의 손목은 끌어당기지 않는다) 팔꿈치를 비틀면서 꺾는다.

3

 팔의 근력으로 상대의 팔을 꺾는 기술이지만, 팔 이외의 부위를 활용하는 방법도 중요하다. 기술에 들어갈 때는 자신의 가슴을 상대의 가슴에 밀착시켜 누른다. 그래야 상대가 빠져나가지 못한다.

굳히기 …… 꺾기 기술   응용

메뉴 109 맞잡기 상태에서 팔얽어비틀기

목적 서로 맞잡은 상태에서 상대와 함께 쓰러지면서 팔얽어비틀기에 들어간다.

1 바로 맞잡기 자세에서 가운데깃과 가운데소매를 꽉 잡는다.

오른팔로 상대의 오른팔을 감싼다.

2 왼손으로 상대의 오른쪽 손목을 잡는다.

오른손으로 자신의 왼쪽 손목을 잡는다.

3 허리를 당겨 내려 무게중심을 낮춘다.

원을 그리듯이 회전한다.

4 그대로 뒤로 회전한다.

5 다리 사이에 상대를 두고 팔얽어비틀기를 실시한다.

POINT 팔얽어비틀기도 189쪽의 팔가로누워꺾기와 마찬가지로, 맞잡은 상태에서 기술을 거는 방법이 있다.

팔가로누워꺾기가 상대를 쓰러뜨리면서 팔을 꺾는 데 비해, 팔얽어비틀기는 미리 어느 정도 팔을 고정한 후 상대를 쓰러뜨린다. 그만큼 쓰러뜨리기 위한 예비 동작을 얼마나 제대로 수행하느냐가 관건이다. 회전하기 전에는 자신의 손목을 단단히 붙잡아 떨어지지 않도록 한다.

제6장

훈련
PRACTICE

유도 훈련에서 가장 많이 사용하는 방법이 '부딪치기'와 '자유 대련'이다.
부딪치기는 강하고, 빠르고, 정확하게 실시하는 것이 중요하다.
자유 대련은 자기 나름대로의 주제를 설정해서
과제를 극복해 나간다는 느낌으로 실시한다.

훈련 ····· 유도를 이해하기 위해

훈련의 기초 지식

▶▶▶ 부딪치기와 자유 대련

유도에서 중요한 것은 기술의 형태를 제대로 익히는 것이다. 일단은 합리적인 이해를 바탕으로 기본을 익힌 후에 자신만의 스타일로 바꾸어야 실제 시합에서 제대로 활용할 수 있다. 이를 위해 흔히 사용하는 방법이 '부딪치기'와 '자유 대련'이다. 부딪치기는 상대를 메치기 직전까지의 동작을 반복 연습하는 방법이고, 자유 대련은 상대와 맞서서 마치 실제로 시합을 하듯이 공방을 벌이는 연습 방법이다.

부딪치기는 유도의 기술을 완성하는 데 가장 기본이 되는 연습으로 '강하고, 빠르고, 정확하게'라는 키워드로 대변할 수 있다. 연습을 시작할 때 실시하는 경우가 많아서 워밍업처럼 인식하는 사람도 있지만, 이는 잘못된 이해다. 기술을 완성하기 위한 연습이므로 한 동작 한 동작 집중하면서 자세를 확인해야 한다. 자유 대련 또한 막연히 실시하는 것이 아니라, 과제나 목적에 따라 다양한 규칙을 설정해서 실시하는 것이 좋다.

부딪치기는 주로 상대를 메치기 직전까지의 동작을 반복하는 연습이다.
3인 부딪치기는 근력 강화에도 도움이 된다.

자유 대련은 마치 시합을 하듯이 공방을 벌이는 실전적인 훈련이다. 일반적으로 여러 조가 동시에 실시한다.

▶▶▶ 훈련 계획하기

하루의 훈련을 계획할 때는 연령과 수준을 고려해 훈련 메뉴를 정하는 것이 중요하다. 특히 초급자의 경우에는 낙법을 먼저 확실히 익히는 것이 필수다. 또한 대회를 대비한 컨디션 조절도 고려해야 한다. 대회가 없는 시기에는 기초 체력 트레이닝에 중점을 두고, 대회가 다가오면 실제 시합에 가까운 형태로 연습을 실시하는 것도 하나의 방법이다.

기본적인 하루 훈련의 흐름

❶ 워밍업
시간 : 10~15분
준비 운동이나 러닝 등을 실시해서 몸을 덥힌다.

❷ 낙법 연습
시간 : 10~15분
낙법은 유도 실력을 높이기 위해 빼놓을 수 없는 기술이다. 초급자는 물론 상급자도 낙법 연습을 꾸준히 해야 한다.

❸ 부딪치기
시간 : 10~30분
초급자가 특히 중시해야 하는 연습이므로 시간을 길게 설정해도 좋다. '기술당 10회' 등 횟수로 연습량을 정하는 것이 일반적이다.

❹ 굳히기 자유 대련 · 메치기 자유 대련
시간 : 10~30분
초등학생은 2~3분, 중고등학생은 3~4분, 대학생은 5분 이상을 한 세트로 삼고, 상대 선수를 바꿔가며 여러 세트 연습한다.

❺ 테마 연습
시간 : 10~30분
하나의 기술을 놓고 단체로 연습하거나, 각자의 특기를 다지기 위해 개인적으로 연습한다.

❻ 기초 체력 트레이닝
시간 : 5~20분
팔굽혀펴기, 복근 운동, 배근 운동 등 근력을 키우기 위한 트레이닝을 실시해 기초 체력을 다진다.

❼ 정리 운동
시간 : 10~20분
피로가 쌓이지 않도록 조깅이나 스트레칭을 실시한다.

※ 각 내용이나 시간은 어디까지나 예시일 뿐이다. 훈련을 짤 때는 선수의 수준이나 연습 시간 등을 고려해 다양하게 구성할 수 있다.

▶▶▶ 자유 대련의 핵심

자유 대련이 실제 시합처럼 공방을 벌이는 것일지라도, 연습 상대로부터 기술이 걸렸을 때는 무리하게 저항하지 말고 깔끔히 메쳐지는 것도 중요하다. 단, 대회가 다가오면 정말 실전처럼 실시할 필요도 있다. 이때는 잡기 싸움부터 온 힘을 다한다는 각오로 임해야 한다. 자유 대련은 다음의 사항을 주의하며 실시한다.

자유 대련에서 주의할 점

- **부상을 당하거나 남에게 부상을 입히지 않는다.**
  상대가 있기 때문에 나의 실력이 향상된다. '자타공영'의 정신을 잊지 말자.

- **기술을 적극적으로 시도한다.**
  유도의 매력은 한판을 따내는 데 있다. 메치기와 누르기 등을 적극적으로 시도한다.

- **목적 의식을 갖는다.**
  생각하면서 훈련하는 것이 실력 향상의 지름길이다.

- **낚음손과 당김손을 확실히 잡는다.**
  자유 대련은 유도에서 중요한 몸쓰기나 기술을 거는 (또는 기술을 방어하는) 핵심 요령을 터득하는 훈련이다. 가장 우선적으로 전제되어야 할 것은 양손으로 상대의 유도복을 확실히 잡는 것이다.

훈련 …… 굳히기의 기본 연습

겨드랑이 조이기

목적 엎드린 자세에서 손을 뻗었다가 접으면서 전진한다. 팔을 중심으로 상체 근력을 기른다.

기본

순서

① 엎드린다. 무릎을 펴고 다리를 벌린다. 팔은 머리 위로 똑바로 뻗는다.

② 팔꿈치를 받침점으로 삼아 팔 힘으로 몸을 끌어당긴다.

③ 처음 자세로 돌아간다. 이를 반복하며 일정 구간(약 8m, 시합장 정도의 크기)을 나아간다.

엎드린 자세에서 팔다리를 똑바로 편다.

복사뼈와 엄지발가락을 매트에 딱 붙인다.

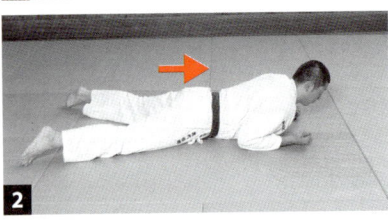

팔꿈치를 받침점으로 삼고 겨드랑이를 조여서 몸을 끌어당긴다.

 POINT 단련되는 주요 근육은 위팔 부위다. 이 부위의 근력은 위누르기(154쪽)처럼 상대를 위에서 눌러야 하는 경우에 특히 필요하다. 전진할 때 겨드랑이를 조이면서 나아간다.

훈련 …… 굳히기의 기본 연습

새우처럼 나아가기

목적 굳히기에서 빠져나올 때 필요한 근력을 기른다.

기본

순서

① 팔다리를 뻗고 누운 후 한쪽 무릎을 세운다.

② 무릎을 세운 발로 매트를 차면서 몸을 새우처럼 둥글게 만다.

③ 다시 처음 자세로 돌아간다. 반대쪽 발로도 동일하게 실시한다. 이를 반복하면서 일정 구간(약 8m)을 나아간다.

누운 상태에서 한쪽 무릎을 세운다.

무릎을 세운 발(오른발)로 매트를 차면서 등을 둥글게 만다.

 POINT 가로누르기(158쪽) 등 굳히기 기술에서 빠져나갈 때 필요한 근력을 기른다. 이외에도 양발로 매트를 차는 방법 등 다양한 방법이 있다.

훈련 …… 굳히기의 기본 연습

허리 비틀기

기본

목적
엎드린 자세에서 허리를 비튼다.
상대를 누르는 감각과 근력을 기른다.

순서

① 엎드린 자세에서 양 손끝과 발끝으로 몸을 지탱한다.
② 오른발을 왼쪽으로 내밀며 허리를 비튼다.
③ 처음 자세로 돌아간다. 이어서 왼발을 오른쪽으로 내밀며 허리를 비튼다.

1 엎드린 자세에서 양쪽 손발로 몸을 지탱한다.

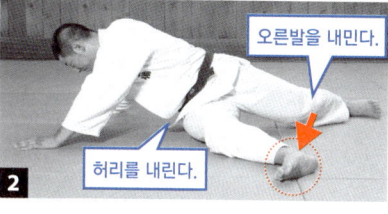

2 오른발을 왼쪽으로 내밀면서 허리를 비튼다.
오른발을 내민다.
허리를 내린다.

POINT 곁누르기(174쪽) 등으로 상대를 누를 때의 몸놀림과 비슷한 동작이다. 누르기의 감각과 몸통의 근력을 기른다. 상체는 되도록이면 움직이지 않는다.

훈련 …… 굳히기의 기본 연습

발 돌리기

기본

목적
발을 사용해서 굳히기 공방을 벌일 때 필요한 기본 동작을 익힌다.

순서

① 누운 상태에서 양발을 올린다.
② 좌우 발을 같은 방향, 역방향 등으로 돌린다.

발목은 세운다.

누운 상태에서 발을 빙빙 돌린다.

POINT 매트에 몸을 붙인 상태에서 자유자재로 발을 돌리는 능력은 굳히기를 시도하거나 굳히기에서 빠져나올 때 꼭 필요한 요소다.

자전거 페달을 밟듯 다리를 굴리는 연습도 있다.

훈련 …… 부딪치기 | 기본

1인 부딪치기

 상대가 앞에 있다고 가정하고 메치기 동작을 반복한다.
벽에 표시를 해두면 올바른 동작을 익히는 데 도움이 된다.

순서

업어치기(64쪽)의 1인 부딪치기

① 어깨너비보다 약간 넓은 간격으로 벽에 테이프를 붙인다.
② 상대와 맞잡고 있다고 가정하고 벽을 향해 선다.
③ 오른발부터 내디뎌서 업어치기 동작을 취하면서 몸을 180도 회전한다.
④ ②~③을 반복한다.

상대와 맞잡고 있다고 가정하고 자세를 취한다.

1 표시를 해둔 벽을 향해 정면으로 선다.

 POINT 1인 부딪치기는 혼자서 실시하는 메치기 연습이다. 기본 동작을 반복함으로써 올바른 동작을 익힐 수 있다.
모두걸기의 1인 부딪치기(114쪽)처럼 그냥 제자리에서 실시할 수도 있지만, 여기에서는 벽에 표시를 하는 방법을 소개한다. 업어치기의 기본은 상대의 정면으로 똑바로 파고드는 것이다. 벽에 표시를 해두고 메치기 직전까지의 동작을 실시하면서 몸이 똑바로 들어갔는지 확인하는 것이 좋다. 스스로 판단하기 어렵다면 지도자나 연습 상대에게 봐달라고 부탁한다. 또한 벽에 ×표시를 하고 그 표시에 시선을 맞추면, 몸의 축이 흔들리지 않는다.
1인 부딪치기에는 여러 가지 형태가 있으므로 습득하고자 하는 기술에 따라 다양한 방법으로 실시할 수 있다.

표시 안쪽에 들어오도록

몸을 굽혀서 표시 밖으로 나가면 안 된다.

2 오른발부터 내디뎌서 180도 회전한다.

훈련 ····· 부딪치기   기본

2인 부딪치기

목적 맞잡기 자세에서 메치기 직전까지의 동작을 반복하면서 기술을 거는 올바른 방법을 익힌다.

1 바로 맞잡기 자세에서 힘을 빼고 거리를 둔다.

2 축이 되는 발인 왼발을 크게 내디디면서 상대를 자신 쪽으로 기울인다.

3 후리는 발을 올려서 밭다리후리기 자세에 들어간다.

4 원래의 간격으로 재빨리 돌아온다.

순서

밭다리후리기(104쪽)의 2인 부딪치기

① 바로 맞잡기 자세에서 힘을 빼고 거리를 둔다.

② 축이 되는 발(왼발)을 크게 내딛고 후리는 발(오른발)을 크게 올린다(그 후 메치기 직전의 후리는 국면까지 실시해도 좋다).

③ ①~②를 반복한다.

POINT 2인 부딪치기는 훈련의 기본이며, 기술의 형태를 완성하기 위해 빼놓을 수 없는 연습이다. 바로 맞잡기, 역으로 맞잡기 등 다양한 패턴으로 실시한다. 중요한 것은 속도보다 정확성이다. 여러 가지 기술을 반복 연습해보자.

훈련 ····· 부딪치기   응용

이동 부딪치기

 공격자와 방어자가 모두 움직이는 2인 부딪치기다.
실제 시합과 더욱 가까운 형태로 메치기 직전까지의 동작을 반복한다.

1 바로 맞잡기 자세에서
가운데깃과 가운데소매를 꽉 잡는다.

방어자도
뒤로 물러난다.

2 축이 되는 발을
크게 내딛는다.

3 후리는 발을 똑바로 올려서
밭다리후리기 자세에 들어간다.

앞으로 나아가면서
실시한다.

4 앞으로 나아가면서
반복한다.

순서

밭다리후리기(104쪽)의 이동 부딪치기

① 바로 맞잡기 자세를 취한다.

② 축이 되는 발(왼발)을 크게 내딛는다. 이때 방어자도 오른발을 뒤로 뺀다.

③ 후리는 발(오른발)을 크게 올린다.

④ 앞으로 이동하면서 ①~③을 반복한다.

 POINT 이동 부딪치기란 공격자의 움직임에 따라 방어자도 함께 이동하는 부딪치기다.
여기에서는 공격자가 발을 내딛는 밀어내기 형태를 소개하지만, 공격자가 발을 빼고 방어자가 앞으로 발을 내딛는 끌어당기기 형태도 있다.

훈련 ······ 부딪치기   응용

메뉴 117 번갈아 부딪치기

메치기 직전까지의 동작을 번갈아 반복함으로써
효율적으로 메치기 형태를 익힌다.

1 서로 가운데깃과 가운데소매를 꽉 잡는다.

2 축이 되는 발을 크게 내딛고, 후리는 발을 똑바로 올린다.

3 후리는 발을
상대의 오른발에 건다.

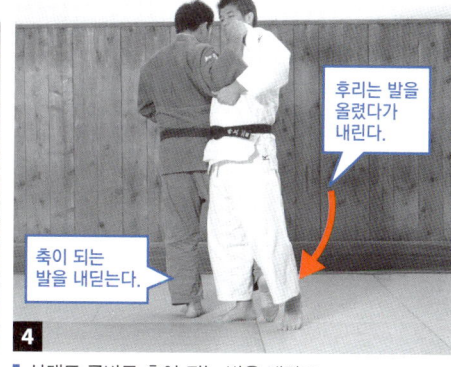

후리는 발을
올렸다가
내린다.

축이 되는
발을 내딛는다.

4 상대도 곧바로 축이 되는 발을 내딛고
후리는 발을 건다.

순서

밭다리후리기(104쪽)의 번갈아 부딪치기

① 바로 맞잡기 자세를 취한다.

② 축이 되는 발(왼발)을 내딛고 밭다리후리기의 후리는 국면까지 실시한다.

③ 원래 자세로 돌아오자마자, 다른 선수가 축이 되는 발을 내딛고 밭다리후리기의 후리는 국면까지 실시한다.

④ ②~③을 반복한다.

POINT 둘이 번갈아가면서 메치기 직전까지의 동작을 반복하는데, 리듬감 있게 실시하는 것이 중요하다. 상대가 후리는 발을 뒤로 빼는 타이밍에 맞춰 서로 축이 되는 발을 내딛는다. 실제 시합에서도 상대의 기술이 원래 자세로 돌아갈 때 방어자로서의 자세가 흐트러지기 쉽기 때문에 이때를 노리게 된다. 공격할 타이밍을 살피는 감각을 기를 수 있다.

훈련 ······ 부딪치기   응용

메뉴 118 — 3인 부딪치기 ① 후방 기술

3인이 한 조가 되어 밭다리후리기와 같은 후방 기술을 반복하면서 기술의 위력과 정확성을 높인다.

공격자와 방어자는 바로 맞잡기 자세를 취한다. 보조자는 오른발을 방어자의 안쪽에 두고 방어자의 띠를 단단히 잡으며 버틴다.

1

공격자는 축이 되는 발(왼발)을 내딛고 후리는 발(오른발)을 똑바로 치켜든 후, 방어자와 보조자의 오른발을 함께 후린다. 보조자는 방어자가 메쳐지지 않도록 확실히 버틴다.

2

순서

밭다리후리기(104쪽)의 3인 부딪치기

① 공격자, 방어자, 보조자가 한 조를 이루어 실시한다. 공격자와 방어자는 바로 맞잡기 자세를 취한다.

② 보조자는 방어자 뒤에 서서 방어자의 띠를 잡고 버텨 준다.

③ 공격자는 방어자와 보조자의 발을 함께 후린다. ①~③을 반복한다.

POINT 후방 기술(상대의 뒤쪽으로 쓰러뜨리는 기술)의 3인 부딪치기는 발을 걸고 상대를 쓰러뜨리기 직전까지 실시한다. 두 사람을 상대로 하기 때문에 힘과 속도가 있는 기술을 만들 수 있다. 상대와 보조자를 함께 쓰러뜨릴 듯한 기세로 달려드는 것이 연습의 핵심이다. 이외에 안다리후리기(118쪽) 등 다른 후리기 기술에서도 3인 부딪치기를 활용할 수 있다. 보조자는 방어자가 메쳐지지 않도록 단단히 버틴다.

훈련 …… 부딪치기 응용

메뉴 119   3인 부딪치기 ② 전방 기술

3인이 한 조가 되어 허벅다리걸기와 같은 전방 기술을 반복하면서 기술의 위력과 정확성을 높인다.

공격자와 방어자는 바로 맞잡기 자세를 취한다. 보조자는 방어자 뒤에 서서 양손으로 방어자의 뒤띠를 잡는다.

공격자는 방어자에게 허벅다리걸기를 시도한다. 보조자는 방어자가 메쳐지지 않도록 확실히 버틴다.

순서

허벅다리걸기(94쪽)의 3인 부딪치기

① 공격자, 방어자, 보조자가 한 조를 이루어 실시한다.

② 보조자는 방어자 뒤에 서서 띠를 잡고 버틴다.

③ 공격자는 허벅다리걸기를 실시한다(방어자를 들어 올리는 순간까지). 보조자는 방어자가 메쳐지지 않도록 버틴다. ①~③을 반복한다.

POINT   메치기 중에서도 허벅다리걸기 같은 전방 기술(상대의 앞쪽으로 쓰러뜨리는 기술)의 정확성과 위력을 높이는 연습이다. 상대와 맞잡고 실제로 올릴 때까지 실시함으로써 필요한 근력을 기른다. 업어치기(64쪽)나 허리후리기(86쪽) 등의 기술 연습으로도 활용할 수 있다. 참고로 3인 부딪치기는 상급자용 훈련이므로 기본적인 형태를 확실히 익힌 후 실시해야 한다.

훈련 …… 자유 대련　　　　　　　　　　　기본

메뉴 120 자유 대련

목적 시합을 하듯이 공방을 벌이면서 기술 거는 법, 낙법, 시합의 구성 등을 배운다.

1 메치기 중심의 자유 대련에서는 올바른 자세로 메치기가 들어오면 무리하게 버티지 않는다. 낙법 연습도 겸하기 때문에 깔끔히 메쳐지는 것도 중요하다.

2 굳히기만을 한정한 자유 대련도 자주 실시된다. 초등부는 누르기 기술 외의 굳히기 기술은 금지되어 있으므로, 당연히 자유 대련에서도 사용해서는 안 된다.

 POINT 자유 대련은 두 명이 짝을 이뤄 마치 시합을 하듯이 공방을 벌이는 훈련이다. 단체로 훈련하는 경우에는 여러 조가 동시에 실시하는 것이 일반적이다. 메치기만을 한정한 자유 대련, 굳히기만을 한정한 자유 대련 등 다양한 형태가 있다. 실제 시합과 가까운 형태로 메치기와 굳히기를 모두 활용해서 실시하기도 한다.
목적에 따라 다르겠지만, 일반적인 자유 대련에서는 승패에 집착할 필요가 없다. 중요한 점은 적극적으로 기술을 걸고 시도해보는 것이다. 또한 상대가 좋은 기술을 걸어오면 깔끔히 넘어가서 낙법을 치는 것도 중요하다.

자유 대련의 개념

자유 대련은 필수적인 유도 훈련으로 그 종류도 다양하다. 실전적인 성격이 강한 훈련이므로 부상을 입지 않도록 조심하면서 목적에 맞는 형태로 실시한다.

주의점

무리한 자세로 기술에 걸리거나 메쳐지면 손을 뺄 수 있기 때문에 극단적인 방어 자세를 취하는 것은 매우 위험하다. 자신뿐 아니라 상대까지 부상을 당할 위험성이 있다. 자유 대련에서는 적극적으로 낙법을 쳐야 한다. 서로의 기술을 높여준다는 사고방식이 필요하다.

시간

자유 대련을 실시할 때의 시간은 실제 시합 시간을 기준으로 한다. 일반적인 시합 시간은 4분이므로, 이를 기준으로 설정한다. 다만, 초급자의 경우에는 시합 시간보다 짧게 설정하는 것이 좋다. 체력과 기술이 낮은 단계에서 오랜 시간 동안 자유 대련을 하는 것은 의미가 없기 때문이다. 자유 대련에서는 올바른 기술을 발휘하는 것이 중요하므로 선수가 집중할 수 있는 시간으로 설정해야 한다.

조 구성

같은 단급, 같은 수준의 선수끼리 조를 짜야 한다고 생각하기 쉽지만 수준이 다른 선수끼리 조를 이루는 것도 좋은 훈련이 될 수 있다. 중량급 선수와 경량급 선수가 한 조를 이루면 중량급 선수는 날렵한 상대에게 익숙해질 수 있고, 경량급 선수는 힘 있는 상대를 대하는 요령을 익힐 수 있다. 또한 초급자는 수준 높은 선수와 한 조를 이루어 실력을 높일 기회를 얻을 수 있다. 초급자와 상급자가 한 조가 되었을 때는 상급자가 초급자의 수준에 맞춰야 한다.

자유 대련의 종류

- **심판을 두고 실시한다** 제3자인 심판을 두고 기술의 판정을 받으면 더욱 실전에 가까운 자유 대련을 할 수 있다.
- **약속 대련** 시합에서 일어날 만한 상황을 설정하는 등 미리 규칙을 정하고 그에 따라 실시한다.
- **연속 대련** 제한 시간이 되면 한 선수는 그대로 있고 상대 선수만 바뀌어 다음 상대와 곧바로 다시 자유 대련을 실시하는 훈련이다. 부하가 높은 훈련이므로 대회에 출전하는 선수가 아닌 이상 자주 실시하지 않는다.
- **한판 대련** 시간 내에 한판을 얻어내는 대련이다.

실제 시합과 가깝도록 심판을 두고 실시하는 자유 대련

자유 대련은 목적에 따라 다양한 형태로 실시한다.

훈련 ····· 자유 대련 　　　　　　　　　응용

메뉴 121 시합을 가정한 자유 대련 ①

목적 ▶ 어느 한 선수가 상대의 목깃을 잡은 상태에서 실전처럼 공방을 벌이면서 시합에서 우위를 차지하는 테크닉을 기른다.

둘 중 한 선수가 상대의 목깃을 잡는다.

순서

① 한 선수가 상대의 목깃을 잡는다.
② 신호와 함께 서로 시합을 하듯이 공방을 벌인다.

POINT 시합에서 일어날 만한 상황을 가정해서 공방 연습을 하는 약속 대련 가운데 하나다. 목깃을 잡힌 선수가 불리한 상황을 타개하는 테크닉을 연마할 수 있다.
서서 맞잡은 상태에서 실시하는 약속 대련은, 한 선수만 소매를 잡은 상태나 등을 잡은 상태로 시작하는 방법도 있다. 각자 대처하기 어려운 상황이나 연습하고자 하는 패턴을 정해서 약속 대련을 실시해본다.

어느 한 선수가 상대의 목깃을 잡은 상태에서 시작한다. 목깃을 잡힌 선수가 불리한 상황을 어떻게 타개하느냐가 과제이지만, 두 선수 모두 전력을 다해 대련에 임하는 것이 중요하다.

낚음손을 잡힌 상태나 등을 잡힌 상태와 같이 불리한 상황을 다양하게 설정할 수 있다.

훈련 …… 자유 대련

응용

시합을 가정한 자유 대련 ②

목적 한 선수가 무릎 꿇고 엎드린 상태에서 시합처럼 공방을 벌이며 굳히기 테크닉을 연마한다.

순서
① 한 선수가 무릎 꿇고 엎드리고, 다른 선수가 그 뒤에 위치한다.
② 신호와 함께 서로 굳히기를 중심으로 시합처럼 공방을 벌인다.

한 선수가 무릎 꿇고 엎드린 상태에서 시작한다.

 POINT 약속 대련의 하나로, 주로 굳히기 공격(혹은 방어) 기술을 연마하기 위한 훈련이다. 한 선수가 누운 상태에서 자유 대련을 시작하는 방법도 있다.

훈련 …… 자유 대련

응용

등을 맞대고 시작하는 자유 대련

목적 등을 맞댄 상태에서 시합처럼 공방을 벌여서 굳히기 테크닉을 연마한다.

순서
① 등을 맞대고 앉는다.
② 신호와 함께 서로 오른쪽으로 돌아 굳히기에 들어가는 자세를 취하면서 시합처럼 치열한 공방을 벌인다.

등을 맞댄 자세에서 신호와 함께 오른쪽으로 돌아 대련을 시작한다.

 POINT 누구 하나가 불리하지 않은 상태로 시작하는 굳히기 자유 대련이다. 재빨리 자세를 정비해야 하므로 민첩성이 요구된다.

금메달리스트의 유도 이야기 2

유도의 재미는
자신만의 독창적인 기술을 만들어
실제 시합에서 사용하는 데 있다

축이 되는 특기, 자신에게 적합한 특기를 만들자

유도를 사랑하는 유도인에게 짜릿한 한판만큼 매혹적인 것은 없을 것입니다. 그런데 그 한판을 따내기 위해서는 특기를 익히는 것이 중요합니다. 특기가 있으면 유도의 폭이 훨씬 넓어집니다. 특기를 중심에 두고 기울이기 방향에 변화를 주거나 다양한 기술로 연결함으로써 상대를 혼란스럽게 만들 수 있기 때문입니다.

제 특기는 허벅다리걸기, 안다리후리기, 밭다리후리기, 업어치기입니다. 그중에서도 특히 자신 있는 기술은 허벅다리걸기입니다. 초등학생 때 아버지께서 가르쳐주신 것이 시작이었습니다. 아무래도 허벅다리걸기는 아버지의 특기이기도 했기에 쉽게 가르쳐주셨을 테지요. 매일같이 부딪치기 연습을 반복하며 허벅다리걸기를 몸에 익혔습니다. 허벅다리걸기를 할 수 있게 되었을 즈음 안다리후리기와 밭다리후리기를 배웠고, 이것이 제 유도의 폭을 더욱 넓혀 주었습니다. 이 두 가지 기술은 상대를 후방으로 쓰러뜨리는 기술인데, 상대를 앞으로 끌어당겨서 메치는 허벅다리걸기와 운동 방향이 다르기 때문에 상대의 무게중심 이동을 이용한 연결 기술로 사용할 수 있었습니다. 업어치기는 대학교에 입학한 후에 배운 기술입니다. "세계 무대에서 이기기 위해서는 자신보다 큰 선수를 메치는 기술이 필요하다."는 지도를 받고 상대의 눈앞에서 한순간에 사라져 상대의 품으로 파고드는 업어치기 기술을 연습하기 시작했습니다.

특기로 삼기 위해서는 다양한 고민과 연구가 필요

그리고 이러한 기술을 연습하는 데 중요하게 여겼던 점은 동일한 맞잡기 위치에서 여러 가지 다른 기술로 연결할 수 있도록 연구하는 것이었습니다. 그래서 기본이 되는 가운데깃과 가운데소매를 잡지 않은 채 위의 네 가지 특기를 실시했더니 상대는 '어떤 기술이 들어올지' 예측하기 어려워했습니다. 또한 하나하나의 기술에 관해서도 연구했습니다. 같은 기술이라도 기술을 넣는 위치나 높이, 상대를 메치는 방향 등을 바꾸어 다양한 응용 형태를 만들었습니다. 늘 똑같은 공격을 하면 상대는 금방 대책을 마련합니다. 그래서 공격의 다양성을 넓히기 위한 연구 시간이 점점 늘어났고, 결국에는 나만이 할 수 있는, 나만의 유도를 추구하기 시작했습니다.

이처럼 특기는 유도의 폭을 넓혀줍니다. 이 책을 참고해 꼭 자신의 특기를 개발하고 연마한 후 자신만의 독특한 유도 스타일을 만들어보시기 바랍니다.

제7장
기초 체력 트레이닝
TRAINING

유도 실력 향상에 도움이 되는 기초 체력 트레이닝을 소개한다.
워밍업과 스트레칭, 근력 향상을 위한 기본적인 트레이닝이다.
어떤 트레이닝이든 자극되는 부위를 잘 의식하며 실시하는 것이 중요하다.

기초 체력 트레이닝 …… 워밍업

메뉴 124 사이드 스텝

목적 어깨 주변을 풀어주는 전신 워밍업이다.
상체의 축을 똑바로 유지한 채 팔을 돌리며 옆으로 움직인다.

- 겨드랑이를 벌리고 팔을 뻗는다.
- 어깨를 기준점으로 삼아 팔을 돌린다.
- 발은 교차하지 않는다.

1 발을 어깨너비로 벌리고 똑바로 선다.
2 팔을 치켜들면서 오른발을 끌어당긴다.

- 팔의 회전을 멈추지 않는다.

3 팔을 그대로 돌리면서 왼발을 옆으로 내민다.

순서

① 팔을 펴고 어깨를 기준점으로 삼아 원을 그리듯이 팔을 돌린다. 발은 교차시키지 않으면서 옆(왼쪽)으로 이동한다.

② 일정 구간(약 8m) 나아가면, 이번에는 오른쪽으로 진행 방향을 바꾼다. 마찬가지로 팔 회전 동작도 함께 실시한다.

POINT 스텝 연습은 몸을 푸는 데 매우 효과적이다. 또한 유도에서는 고관절의 유연성이 중요하므로 아래와 같은 운동을 실시하는 것도 도움이 된다.

스텝 워밍업

발끝 터치

무릎을 편 상태로 한쪽 발을 올리며 앞으로 나아간다. 허벅다리 바깥쪽 근육을 스트레칭하는 효과도 있다.

고관절 돌리기

허벅다리를 바깥쪽에서 안쪽(또는 안쪽에서 바깥쪽)으로 돌리듯이 들어 올리며 앞으로 나아간다. 고관절의 가동역을 넓혀준다.

기초 체력 트레이닝 …… 워밍업 기본

메뉴 125   2인 스트레칭

목적   부상을 당하기 쉬운 어깨와 허벅다리 뒤쪽 근육을 스트레칭한다.

순서

① 2인이 한 조가 되어 마주 보고 선다. 연습하는 선수는 상대의 어깨에 손을 올린다.

② 선수는 한 걸음 뒤로 물러나고, 고관절을 굽혀 상체를 앞으로 숙인다. 상대는 양손으로 머리를 가볍게 눌러준다.

어깨와 허벅다리의 바깥쪽을 편다.

POINT   견갑골 주변 근육을 스트레칭하는 방법도 있다. 사진과 같이 한쪽 손을 붙잡고 잡아당기면 견갑골 주변 근육을 풀 수 있다.

▌등을 쭉 편 상태에서 상체를 앞으로 숙인다.

기초 체력 트레이닝 …… 워밍업 기본

메뉴 126   레그 스윙

목적   2인 1조로 실시하는 워밍업이다. 발을 움직이면서 고관절의 유연성을 기른다.

순서

① 2인 1조로 실시한다. 연습 상대는 머리를 숙이고 쭈그려 앉는다. 연습하는 선수는 그 옆에 선다.

② 상대의 머리 위로 다리를 들어 올려 반원을 그리듯이 움직인다.

고관절의 가동역을 넓히고 균형 감각을 기른다.

POINT   고관절의 유연성을 향상시키는 메뉴다. 한쪽 발로 서서 실시하기 때문에 균형 감각을 기르는 데도 도움이 된다.

▌발을 들어 올려, 쭈그려 앉은 상대의 머리 위로 반원을 그린다.

기초 체력 트레이닝 ······ 워밍업

메뉴 127 앉은 자세에서 점프하기

기본

목적: 무게중심을 한 번 낮췄다가 앞으로 점프한다. 하반신을 비롯한 전신의 근력을 강화할 수 있다.

순서
① 선 자세에서 쭈그려 앉는다.
② 앞으로 점프한다. 이를 반복하면서 일정 구간(약 8m)을 나아간다.

1 무게중심을 낮춘다.

2 앞으로 점프한다.

거리보다 높이를 의식한다.

POINT: 쭈그려 앉을 때 엉덩이가 발뒤꿈치에 닿을 만큼 깊숙이 앉으면 무릎 관절을 다칠 수 있으므로 너무 깊이 앉지 않도록 조심한다.

기초 체력 트레이닝 ······ 워밍업

메뉴 128 런지 워크

기본

목적: 주로 워밍업으로 실시하지만 꽤 힘든 운동이다. 하반신을 종합적으로 단련할 수 있다.

순서
① 똑바로 선 자세에서 오른발을 크게 앞으로 내딛고 천천히 몸을 낮춘다.
② 왼발을 크게 앞으로 내밀고 천천히 앉는다. 이를 반복하면서 일정 구간 나아간다.

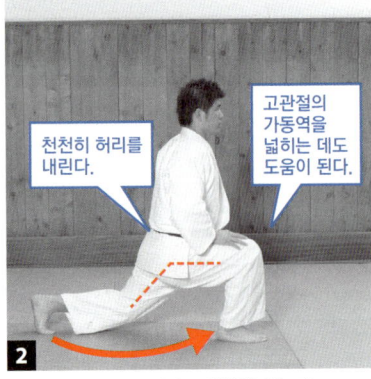

1 똑바로 선다.

2 한쪽 발을 크게 내밀고 천천히 앉는다.

천천히 허리를 내린다.

고관절의 가동역을 넓히는 데도 도움이 된다.

POINT: 이와 비슷하게, 한쪽 발을 축으로 삼아 회전하며 옆으로 나아가는 방법도 있다.

큰 동작으로 천천히 실시한다. 무게중심을 천천히 낮춘다.

기초 체력 트레이닝 …… 워밍업

순발력 향상하기

목적 신호에 따라 재빨리 반응함으로써 몸을 푸는 동시에 순발력도 기른다.

기본

순서

① 선수는 가볍게 제자리걸음을 하고, 연습 상대(지도자)는 그 앞에 선다.
② '오른쪽으로 한 걸음!' 하는 식의 신호에 따라 움직인다.

- 동작을 지시한다.
- 가볍게 제자리걸음을 한다.

■ 지도자의 신호에 따라 즉각적으로 반응한다.

POINT 전후좌우로 이동하는 것 외에 허리를 굽히라는 등의 신호를 줄 수도 있다. 몸을 움직이는 동작이라면 무엇이든 가능하다. 이동 방향은 손으로 지시를 해도 좋다.

기초 체력 트레이닝 …… 워밍업

스파이더 맨

목적 손을 매트에 대고 '스파이더 맨'처럼 이동함으로써 워밍업을 하는 동시에 몸의 축이 되는 몸통을 단련한다.

기본

순서

① 매트에 양쪽 손발을 대고 왼손과 오른발을 내민다.
② 오른쪽 팔꿈치에 오른쪽 무릎이 닿으면, 오른손과 왼발을 앞으로 내민다. 이를 반복하면서 일정 구간 앞으로 나아간다.

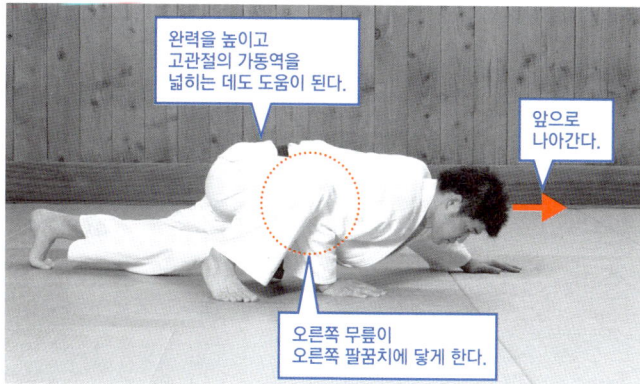

- 완력을 높이고 고관절의 가동역을 넓히는 데도 도움이 된다.
- 앞으로 나아간다.
- 오른쪽 무릎이 오른쪽 팔꿈치에 닿게 한다.

■ 같은 쪽 무릎과 팔꿈치를 닿게 하면서 기어간다.

POINT 움직임이 약간 복잡하게 느껴질 수도 있지만, '같은 쪽 무릎과 팔꿈치를 닿게 하면서 앞으로 나아간다'는 사실만 기억하면 된다. 항상 낮은 자세를 유지하는 것이 핵심이다.

기초 체력 트레이닝 …… 근력 향상   기본

메뉴 131 유도복 잡고 매달리기

목적 2인이 실시하는 연습이다. 상대의 유도복을 붙잡고 매달림으로써 악력을 강화한다.

순서

① 연습 상대의 다리 사이에 눕는다.
② 상대의 유도복 소매를 양손으로 잡고 매달린다.

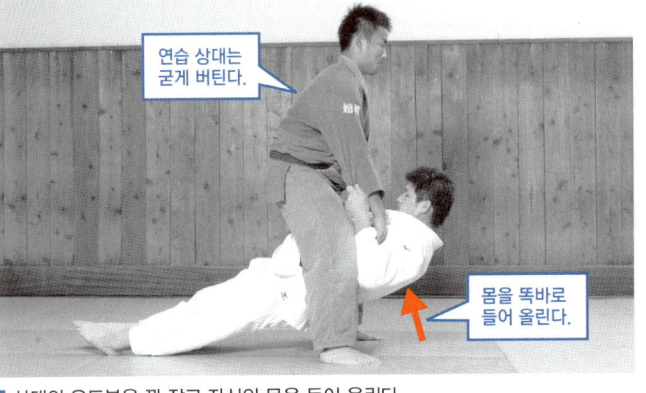

연습 상대는 굳게 버틴다.

몸을 똑바로 들어 올린다.

POINT 시합에서 우위에 서려면, 깃과 소매를 단단히 잡을 수 있는 강한 악력이 필요하다.

■ 상대의 유도복을 꽉 잡고 자신의 몸을 들어 올린다.

기초 체력 트레이닝 …… 근력 향상   기본

메뉴 132 플랭크

목적 양팔과 양발을 매트에 댄 자세를 10초 동안 유지하면 몸의 축이 되는 몸통(코어)을 단련할 수 있다.

순서

① 엎드려서 양팔과 양 발끝으로 몸을 지탱한다.
② 옆에서 봤을 때 몸의 라인을 일직선으로 유지하면서 10초 정도 버틴다.

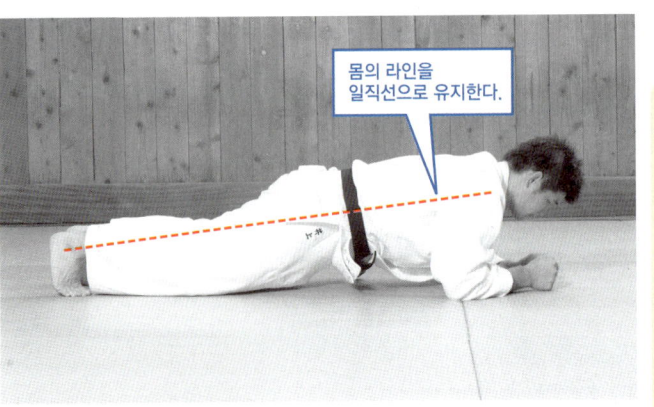

몸의 라인을 일직선으로 유지한다.

POINT 몸통의 단련은 다리와 허리의 강화로 이어진다. 이 자세에서 대각선 방향의 팔다리를 들면 운동 강도가 더욱 높아진다.

■ 아래팔과 발끝으로 몸을 지탱한다.

기초 체력 트레이닝 …… 근력 향상

메뉴 133 외발 스쿼트

목적 외발로 선 상태에서 천천히 자세를 낮춘다. 하반신을 단련한다.

기본

순서

① 오른발을 들어 왼발로 선다.

② 고관절과 왼쪽 무릎을 굽혀 자세를 낮추고, 오른손으로 매트를 터치한다. 10회 정도 실시한 후 반대쪽도 동일하게 실시한다.

1 외발로 선다.

- 무릎을 굽혀 자세를 낮춘다.
- 시선은 앞을 향한다.
- 오른손으로 매트를 터치한다.

2 왼쪽 무릎과 고관절을 굽혀 자세를 낮춘다.

POINT 인기 있는 웨이트 트레이닝인 스쿼트를 외발로 실시하는 방법이다. 양발로 실시하는 것보다 강도가 높을 뿐 아니라 균형 감각도 기를 수 있다.

기초 체력 트레이닝 …… 근력 향상

메뉴 134 외발 스티프

목적 허벅다리걸기(94쪽)와 비슷한 동작을 통해 균형 감각과 고관절의 유연성을 높인다.

기본

순서

① 오른발을 들어 왼발로 선다.

② 고관절을 굽혀 몸을 앞으로 기울이면서 오른손으로 매트를 터치한다. 오른쪽 다리는 굽히지 않고 뻗은 채 뒤로 올린다. 10회 정도 실시한 후 반대쪽도 동일하게 실시한다.

1 똑바로 선다.

- 오른발을 뒤로 곧게 뻗는다.
- 무릎을 가볍게 굽힌다.

2 고관절을 굽혀 천천히 앞으로 기울어지면서 매트를 터치한다.

POINT 근력은 물론 균형 감각과 유연성도 높일 수 있는 트레이닝이다. 허벅다리걸기 등 발을 올리는 기술을 걸 때 몸을 사용하는 방법도 익힐 수 있다.

기초 체력 트레이닝 …… 근력 향상 트레이닝   기본

튜브를 사용한 부딪치기

목적 튜브를 사용해서 부딪치기를 실시함으로서 메치기에 필요한 근력을 강화한다.

1 고무 튜브를 손에 따로따로 잡고 선다.

업어치기의 부딪치기를 준비

2 오른발을 내밀고 양손을 올린다. (오른발을 내민다.)

튜브는 계속 잡고 있는 상태로

왼발을 뒤로 뺀다.

3 양손을 연동시키며 기술의 형태를 만든다.

순서

① 선수는 고무 튜브의 양 끝을 각각 잡고, 연습 상대는 약간 떨어진 위치에서 양손으로 고무 튜브의 중간을 잡고 선다.

② 선수는 튜브 양 끝을 잡은 채 업어치기(64쪽)의 부딪치기를 실시한다.

POINT 튜브의 탄력을 이용함으로써 기술을 걸 때 필요한 근력을 기를 수 있다. 업어치기 외에 허벅다리걸기(94쪽) 등 다양한 메치기 기술에 응용할 수 있다.

도구를 사용한 트레이닝

로프

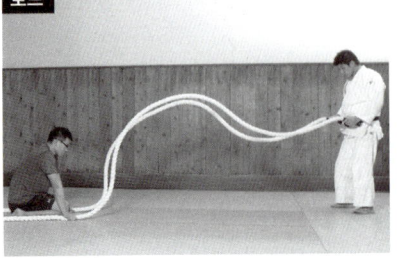

로프의 끝을 잡고 위에서 아래로 흔들면서 물결을 만든다. 전신의 근력을 기를 수 있다.

폼롤러

폼롤러를 사용해서 후리는 발 감각을 기른다.

샌드백

샌드백에 허리꺾치기(90쪽)를 걸어서 동작을 익힌다.

제8장

규칙, Q&A
RULE, Q&A

유도의 규칙에서 특히 주의해야 하는 부분은 금지 사항에 관한 것이다. 이를 위반하면 반칙패를 당하기도 한다. 유도 규칙은 적극적인 공격 자세를 요구하므로 시합에 나서면 적극적으로 기술을 거는 데 집중해야 한다.

규칙, Q&A ······ 규칙

규칙

▶▶▶ 유도 규칙에 관해

유도 규칙 중에서 국제유도연맹(IJF) 시합 심판 규정을 토대로 특기할 만한 항목을 발췌해 간략히 소개한다. 규칙은 추후 개정될 수 있고 대회마다 세부적인 규칙이 다를 수 있으므로, 사전에 대회 요강 등을 꼼꼼히 확인하는 것이 좋다.

시합 시간과 승패의 판정

❶ 시합 시작과 종료
시합을 시작할 때는 매트에 그어진 '시작선' 뒤에 서서 서로 입례를 한다. 그리고 왼발부터 한 걸음 앞으로 나서서 발을 어깨너비로 벌린다. 주심이 '시작'을 외치면 상대와 맞잡는다.
종료 시에는 주심이 '거기까지'라고 외치고, '시작선'의 한 걸음 앞에서 발을 어깨너비로 벌리고 선다. 그리고 주심의 판정이 내려지면 오른발부터 시작선 뒤로 물러나며 입례를 하고 퇴장한다(국제 대회에서는 시작선을 그리지 않는 경우도 많다).

❷ 시합 시간
시합 시간은 기본적으로 남녀 동일하게 4분이다. 단, 초등부와 여자 중등부는 3분이다.

❸ 연장전
우열을 가리지 못하고 정규 시합 시간이 종료되었을 때는 어느 한 선수가 먼저 포인트를 따내는 시점에서 시합이 끝나는 '골든 스코어 방식'의 연장전으로 승패를 가린다. 연장전의 시간은 무제한이다.

❹ 승패의 판정
승리로 인정되는 조건은 다음과 같다. 한판 승리의 경우에는 그 판정이 내려진 시점에서 시합이 종료된다.
- **한판승** 메치기 또는 굳히기로 한판을 땄을 때(상대의 기권, 반칙, 부상에 의한 승리도 한판승과 동일하게 취급한다).
- **우세승** 시합 시간이 종료된 시점에서 스코어(절반으로 획득한 포인트 수)가 상대보다 높을 때.

❺ 기술의 판정
기술의 판정에 관해서는 오른쪽의 표처럼 기준이 정해져 있다(과거의 규칙에는 '유효'가 있었으나 2017년 개정 룰에 의해 '한판'과 '절반'만이 기술 득점의 기준으로 인정된다).
또한 금지 사항(220쪽)에 저촉되는 행위에 대해서는 심판이 '지도'를 부여한다. '누르기'가 선언된 경우 양 선수가 장외로 나가도 누르기가 지속된다. 조르기 기술과 꺾기 기술도 기술의 효과가 인정되는 경우에는 양 선수가 장외로 나가도 기술이 중단되지 않고 지속된다(과거의 규칙에서는 어느 한 선수의 신체 일부가 장내에 있을 때만 누르기가 지속되었다).

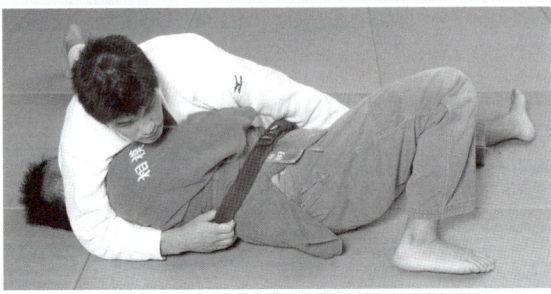

▌'누르기'는 양 선수가 장외로 나가도 지속된다.

지도가 승패에 끼치는 영향은 다음과 같다.

- **새로운 규칙**
  세 번째 '지도'를 받으면 반칙패로 처리된다. 경기 시간 내 시합의 승패는 오직 스코어에 의해서 결정되며, '지도'는 반칙패 외에는 적용되지 않는다. 단 연장전에서의 승패는 스코어의 차이나 '지도'에 의해 결정된다(2017년 IJF 심판 규정).

- **기존의 규칙**
  '지도'의 횟수에 따라 포인트에 가산된다. 첫 번째 '지도'는 포인트에 가산되지 않고, 두 번째 '지도'는 '유효'에 해당하는 포인트, 세 번째 '지도'는 '절반'에 해당하는 포인트, 네 번째 '지도'는 '반칙패'가 된다.

〈메치기와 굳히기의 판정〉

	메치기	굳히기
한판	상대를 제압하면서 상당한 '강도'와 '속도'로 '등을 크게 매트에 떨어뜨리듯이' 메치는 경우	굳히기에서 상대의 등, 양 어깨 또는 한쪽 어깨를 매트에 대고 제압한 후, 상대의 다리에 의해 자신의 신체나 다리가 감기지 않고 일정 시간이 경과했을 때 • 새로운 규칙 : 20초 • 기존의 규칙 : 25초 상대가 구두로 '항복'을 외치거나 항복의 신호(상대의 몸 또는 매트를 심판이 알 수 있도록 2~3회 두드림)를 표시했을 때 조르기 기술과 꺾기 기술에서 기술의 효과가 충분히 나타났을 때
절반	상대를 제압하면서 메쳤지만, 한판의 조건인 '등을 크게 매트에 떨어뜨린다', '강도', '속도' 가운데 어느 하나가 부분적으로 부족한 경우	누르기 기술로 상대를 일정 시간 눌렀을 때 • 새로운 규칙 : 10초 이상, 20초 미만 • 기존의 규칙 : 20초 이상, 25초 미만

▶▶▶ 금지 사항에 관해

상대와 정정당당히 싸우지 않거나 금지된 방법으로 유도복을 잡으면 반칙이다. 경미한 반칙을 범하면 '지도'를 받게 되는데, 지도는 승패의 판정 자료가 된다. 맞잡기를 뿌리치거나 위장 공격을 하거나 방어 자세만 취하는 행위에 대해서는 엄격하게 지도를 부여한다. 그러므로 보다 적극적인 자세로 상대를 공격할 필요가 있다. 또한 팔꿈치 외의 관절을 꺾는 등 위험한 행위를 하면 중대한 위반으로 간주해 반칙패로 판정한다. IJF 심판 규정에는 반칙에 관해서도 세세하게 규정되어 있는데, 이 중에서 특히 주목해야 할 반칙을 간략히 소개한다.

규칙, Q&A ······ 규칙

지도의 대상이 되는 주요 행위

❶ 소극적인 자세
- 경기를 고의적으로 지연시킬 목적으로 상대를 잡지 않는 행위.
- 상대를 메칠 의사가 명백히 없으면서도 공격하는 인상을 주기 위한 행위(위장 공격).
- 선 자세에서 경기 동작을 방해하기 위해서 상대의 한 손 또는 양손을 깍지 끼고 있는 행위 (일반적으로 5초 이상).
- 주심의 허락 없이 고의적으로 자신의 유도복, 허리띠, 그리고 하의의 끈을 풀었다 매는 행위.

❷ 비정상적인 도복 잡기
- 선 자세에서 공격하지 않고 다음과 같이 유도복을 잡는 행위(일반적으로 5초 이상 공격 없이 잡고 있는 경우).
    - 엄지와 나머지 손가락 끝으로 소매 끝을 잡는 행위(피스톤 그립).
    - 상대의 소매 끝을 뒤집어 잡는 행위(포켓 그립).
    - 상대의 띠를 계속 잡고 있는 행위(벨트 그립).
    - 양손으로 맞잡았을 때 상대방의 반대쪽 등, 어깨, 팔을 잡는 행위(크로스 그립).
- 상대의 소매 안으로 손가락을 넣는 행위는 바로 지도이지만, 잡고 바로 들어가는 것은 허용.
- 바지와 다리를 잡으면 첫 번째는 지도가 주어지며 두 번째는 반칙패를 적용.

❸ 기술을 걸 때의 위반 행위
- 상대 신체의 일부분을 띠 끝이나 도복 상의 끝으로 감는 행위.
- 상대의 띠나 목깃, 앞깃 혹은 띠에 발이나 다리를 거는 행위.
- 잡고 있는 상대로부터 벗어나기 위해서 무릎이나 발로 상대의 손이나 팔을 치는 행위.
- 잡고 있는 상대의 손을 떼려고 손가락을 뒤로 꺾어 젖히는 행위.

반칙패가 적용되는 주요 행위

❶ 기술을 걸 때의 중대한 위반 행위
- 팔꿈치 이외의 관절을 꺾는 행위.
- 선 상태에서 상대 팔꿈치에 강한 충격을 주는 행위.
- 상대와 얼굴 방향을 같이 하고 서서, 한 다리로 상대의 다리를 감아 꼬아서 뒤로 넘기며 그의 몸 위에 함께 넘어지는 행위.
- 상대가 등 위에서 껴안았거나 제어하고 있을 때 고의로 뒤로 넘어지는 행위
- 선 자세에서 상대의 띠 아랫부분을 손이나 팔로 잡는 행위.

❷ 시합에 임하는 자세
- 방어자가 떨어질 때 등이 닿는 것을 피하기 위해 머리나 목, 척추가 위험할 수 있는 움직임을 시도하는 행위.
- 주심의 지시에 불복하는 행위.
- 경기 중 불필요한 말이나 행동으로 상대나 심판의 인격을 손상시키는 행위.
- 상대에게 부상을 입히거나 위해를 가하거나 유도 정신에 반하는 행위
- 손에 점착 스프레이를 뿌리거나 발에 신축성 테이프를 붙이는 등 공정성이 결여된 행위.

규칙, Q&A …… 규칙

Q&A (이것도 알고 싶다!)

Q 선수가 부상당했을 때 응급처치는 어떻게 해야 하나?
A : 냉정하고 신속하게 대응하는 것이 중요하다.

동료 등의 선수가 연습이나 시합 중에 부상을 당했을 때는 냉정함을 찾는 것이 중요하다. 일반적인 주의사항으로 다음과 같은 것을 들 수 있다.
- 냉정하고 침착하게 대응한다.
- 방관자가 되지 말고 리더십을 발휘하는 한 사람이 된다.
- 의사의 진찰을 받을 때까지 응급처치를 실시하고 신속히 병원으로 후송한다.
- 현장의 상황을 잘 기억하고, 구토물 등의 증거물을 보존한다.

Q 유도의 단급 제도는 무엇인가?
A : 유도의 실력에 따라 급수와 단수를 분류한 제도이다.

유도는 바둑이나 장기에서의 단위 제도와 마찬가지로 선수의 수준에 따른 단급 제도가 체계화되어 있으며, 급이나 단에 따라 띠의 색이 정해져 있다. 승급, 승단을 위한 자격과 심사의 기준은 나라별로 차이가 있다. 대한유도회의 기준에 따른 단급 체계와 해당하는 띠의 색은 다음과 같다.

급수	무급	8급	7급	6급	5급	4급	3급	2급	1급
띠의 색	흰색	회색	노랑색	주황색	녹색	하늘색	파랑색	보라색	밤색

단수	초단	2단	3단	4단	5단	6단	7단	8단	9단	10단
띠의 색	검은색					홍백색			붉은색	

Q 등급 제도는 무엇인가?
A : 체중에 따라 등급을 분류하는 제도이다.

원래 유도에는 체중별 등급을 나눈다는 발상이 없었다. 그러다 1964년 도쿄 올림픽 개최를 계기로 체중에 따른 등급을 나누는 제도가 도입되었다. 현재 성인의 체급은 7개의 등급으로 나뉘는데, 등급은 연령별로 달리 세분화된다.

또한 일본선수권대회나 일본여자선수권대회처럼 체중에 따른 등급을 나누지 않고 이른바 체중 무차별로 행해지는 대회도 있다.

〈연령에 따른 등급 구분〉

성인부	남자	60kg 이하	66kg 이하	73kg 이하	81kg 이하	90kg 이하	100kg 이하	100kg 초과		
	여자	48kg 이하	52kg 이하	57kg 이하	63kg 이하	70kg 이하	78kg 이하	78kg 초과		
고등부	남자	55kg 이하	60kg 이하	66kg 이하	73kg 이하	81kg 이하	90kg 이하	100kg 이하	100kg 초과	
	여자	45kg 이하	48kg 이하	52kg 이하	57kg 이하	63kg 이하	70kg 이하	78kg 이하	78kg 초과	
중등부	남자	45kg 이하	48kg 이하	51kg 이하	55kg 이하	60kg 이하	66kg 이하	73kg 이하	81kg 이하	90kg 이하	90kg 초과
	여자	42kg 이하	45kg 이하	48kg 이하	52kg 이하	57kg 이하	63kg 이하	70kg 이하	70kg 초과	–	–

마치는 글

   이 책을 완성하기까지 걸린 2년에 가까운 제작 기간은 유도의 기본에 관해 다시금 배울 수 있었던 소중한 기회였습니다. 책의 내용을 구상하면서 수많은 고민이 들었습니다. 어떤 기술을 실어야 할지, 어떻게 표현해야 많은 사람이 쉽게 이해할 수 있을지, 현대에 맞는 연습법은 무엇인지, 그리고 나에게 유도란 무엇인지……. 그런 시행착오를 거듭하면서 완성한 것이 바로 이 책입니다.

   지금까지의 유도 인생에서 얻은 지식과 경험을 살려 유도를 배울 때 꼭 알아두었으면 하는 기본을 중심으로 이 책을 펴냈습니다. 세계 무대에서 활용했던 테크닉과 연결 기술 등도 가능한 한 많이 소개하려고 노력했습니다. 매일같이 이어지는 연습 속에서 기본을 확인하기 위한 참고 도서로서, 그리고 여러분만의 기술을 창조하기 위한 발상의 원천으로서 도움이 될 만한 내용을 담았다고 자부합니다.

   저는 유도를 통해 성장한 사람입니다. 엄격한 훈련으로 강인한 신체를 단련하며 인내력을 길렀고, 스스로를 규율하는 마음을 배양할 수 있었습니다. 이것이 조금이나마 사회에 공헌하면서 살아가는 힘이 되어 지금의 저를 지탱해주고 있습니다. 그리고 제가 지금 할 수 있는 모든 것들을 이 책에 쏟아 부었습니다. 유도를 사랑하는 마음으로 똘똘 뭉친 독자 여러분들이 날마다 이 책을 조금씩이라도 활용해 주신다면 그보다 더 큰 기쁨은 없을 것입니다.

이노우에 고세이

촬영 및 감수 협력

나카야 리키(中矢 力)·구마시로 유스케(熊代 佑輔)·히로카와 쇼신(廣川 彰信)·우에하라 시게유키(上原 滋行)
쿠도우 마사무네(工藤 優宗)·바바 코우타(馬場 康太)·후루카와 타이치(古川 太一)·후루타 타쿠야(古田 卓也)
마츠유키 나오토(松雪 直斗)·이마이 유우코(今井 優子)·스즈키 토시카즈(鈴木 利一)·노무라 켄토우(野村 健人)

New 유도교본

1판 12쇄 | 2025년 7월 28일
지 은 이 | 이노우에 고세이
감　　수 | 조 승 권
옮 긴 이 | 이 용 택
발 행 인 | 김 인 태
발 행 처 | 삼호미디어
등　　록 | 1993년 10월 12일 제21-494호
주　　소 | 서울특별시 서초구 강남대로 545-21 거림빌딩 4층
　　　　　www.samhomedia.com
전　　화 | (02)544-9456(영업부) / (02)544-9457(편집기획부)
팩　　스 | (02)512-3593

ISBN 978-89-7849-560-8 (13690)

Copyright 2017 by SAMHO MEDIA PUBLISHING CO.

출판사의 허락 없이 무단 복제와 무단 전재를 금합니다.
잘못된 책은 구입처에서 교환해 드립니다.